lonely planet

DE CERCA

SEÚL

AF894192

Simon Richmond y Ann Babe

Sumario

Arriba: pollo frito coreano.
Abajo: Cheong-gye-cheon (p. 67).

Puesta a punto 4

Explora Seúl 31

Guía práctica 143

★ Imprescindible

El viaje empieza aquí

Hay una *hallyu* (ola coreana) que se extiende por el mundo, y Seúl es su fuente. A la moda y puntera en clave tecnológica, pero también muy tradicional, en esta dinámica urbe se pueden explorar palacios antiguos, comprar en mercados toda la noche, recorrer frondosos senderos de montaña y probar una sabrosa cocina. Admirar llamativa arquitectura, sublimes museos, parques de diseño extraordinario y preciosos templos o salir de marcha por calles iluminadas con neones a tomar cócteles a ritmo de K-Pop son algunas de las experiencias que convierten a Seúl en uno de los mejores destinos urbanos de Asia.

Simon Richmond
simonrichmond.com
Visitante asiduo de Seúl desde que se instalara en Japón a principios de la década de 1990, es un consolidado escritor de guías de viaje entre cuyas obras figuran las últimas ediciones de *Corea* y *Seúl de cerca* de Lonely Planet.

Ann Babe
@ann_e_babe
Escritora coreana-estadounidense cuyos textos sobre Corea han aparecido en publicaciones como *Wired, Kinfolk* y *Rest of World,* entre otras. Suyos son los capítulos de Itaewon y Yongsan-gu, Oeste de Seúl, y Gangnam y sur de Seúl.

Myeong-dong (p. 55).
FINN STOCK/SHUTTERSTOCK ©

tel 02-2233-1442
775-8860
4F
OPPADAK
オパダック
枯箱枯鶏
TAKE OUT
명동중앙점
T.02-752-5892
수원
왕
갈
비
부
대
찌
개
2F
부동산
777-6004 5F
코리안
디저트
카페
KOREAN
DESSERT
CAFE
설빙
Take out
2F
emart
24
GURKHA
INDIAN/NEPALI
RESTAURANT
水原王カルビ
수원왕갈비
水原王牛排
Brand Market
WOMEN's
B1
ALL MASK STORY
DEYE
살
롱
드
마
Salon de Marshall
Since
2F
ABOU
TONYMOLY
TONYMOLY
SALE
SALE

LO MEJOR

Experiencias culinarias

Descubrir el enorme abanico gastronómico nacional es uno de los grandes placeres que ofrece Seúl. Por todos los barrios hay restaurantes, cafés, puestos ambulantes y mercados con opciones para todos los gustos y bolsillos.

Hay que visitar la **lonja de Noryangjin** (p. 82) en torno a medianoche para asistir a las subastas antes de atracarse de pescado y marisco recién capturados.

Probar las crujientes tortitas de alubias mungo (arriba) y los fideos cortados a cuchillo de los puestos callejeros del **mercado de Gwangjang.** (p. 65)

Desayunar tentadores panes y repostería, acompañados de exquisitos *lattes,* en **Onion.** (p. 65)

Explorar establecimientos de ambiente hogareño, restaurantes de alta cocina, enotecas, coctelerías y bares de azotea en el renovado **mercado de Sinheung** de Haebangchon. (p. 103)

Saborear la cocina neocoreana de **Jungsik,** cuyo postre estrella es una *mousse* de té verde (imagen arriba) con forma de estatua de la isla de Jeju. (p. 126)

Dcha.: lonja de Noryagjin (p. 82).

DESDE IZDA.: LETSPICSIT/SHUTTERSTOCK ©, TOP PHOTO CORPORATION/ALAMY STOCK PHOTO ©, TUPUNGATO/SHUTTERSTOCK ©

패류 - 014
갈릴리
010-4316-0317

LO MEJOR

Arquitectura

El paisaje urbano de Seúl es un ecléctico batiburrillo que comprende desde palacios y santuarios de la dinastía Joseon hasta encantadoras *hanok* (viviendas tradicionales de madera) de principios del s. XX, pasando por edificios contemporáneos que parecen de otro planeta.

Admirar el **Dongdaemun Design Plaza & Park** (arriba; p. 136), una futurista construcción convertida en moderno centro cultural.

Contemplar el elegante pabellón Gyeonghoeru reflejado en un lago artificial del recinto del **Gyeongbokgung** (p. 40), el mayor palacio real de la capital.

Recorrer el solemne **Jongmyo** (Patrimonio Mundial; p. 46), el santuario confuciano donde reposan los restos de la realeza Joseon.

Retroceder en **Bukchon** (p. 36) a la época en que los seulenses vivían en *hanok* de madera con vistosos tejados de teja y patios ajardinados.

Mirar los 555 m de la **torre Lotte World** (p. 120), el edificio más alto del país, con un afilado diseño inspirado en las artes tradicionales coreanas.

Dcha.: Bukchon (p. 36).

LO MEJOR

Al aire libre

El aspecto severo de Seúl está suavizado por sus parques de diseño creativo, jardines antiguos y modernos, y los montes que abrazan la ciudad. Para descubrirlo, solo hay que ponerse las botas o subirse a una bici.

Patear el **Jardín Secreto de Changdeokgung** (arriba; p. 44), un claro tachonado de pabellones reales, estanques ornamentales y rocas con inscripciones poéticas.

Desconectar en los senderos del **Cheong-gye-cheon** (p. 67), un evocador arroyo rebosante de fauna.

Descubrir unas 200 esculturas realizadas por artistas de todo el orbe.

Recordar los JJ OO de 1988 en el **Parque Olímpico.** (p. 121)

Remontar secciones reconstruidas de la antigua muralla de Seúl hasta lo alto del **Namsan** (arriba; p. 60), coronado por la torre N Seoul.

Contemplar las vistas desde **Seoullo 7017** (p. 67), una vieja pasarela peatonal reconvertida en un paseo con plantas y arte callejero.

Dcha.: Seoullo 7017 (p. 67).

LOTTE
OUTLETS

LO MEJOR

Cultura pop

Como buen epicentro de la *hallyu,* Seúl vibra a ritmo de coreografías K-Pop, últimas tendencias, productos de belleza innovadores y localizaciones de rodaje de exitosas producciones coreanas.

Probar cosméticos coreanos en **Beauty Play** (p. 69) y comprar la última moda local en los emporios de Myeong-dong.

Conocer el porvenir, cantar en un *noraebang* (karaoke) y disfrutar del desenfrenado ambiente festivo de las calles de **Hongdae.** (p. 80)

Fotografiarse con vistosas pelucas, sombreros y gafas en los estudios de grabación de K-Pop de **HiKR Ground.** (p. 70)

Vivir una completa experiencia K-Pop aprendiendo a cantar y a bailar en **Ktown4u** (p. 118), en el COEX Artium.

Interpretar el famoso "baile del jinete", popularizado por el rapero PSY, frente a la **estatua al 'Gangnam Style'.** (p. 115)

Dcha.: Starfield COEX Mall (p. 118).

coex
East gate
동문

LO MEJOR

Arte y cultura

Los sublimes museos y galerías de Seúl albergan magníficas exposiciones, con frecuencia en edificios de notable valor arquitectónico. Pero hay muchas otras formas de ahondar en la cultura coreana, desde aprender a hacer *kimchi* hasta elaborar tés tradicionales.

Dejarse seducir por las cautivadoras muestras de cultura patria del **Museo Etnográfico Nacional de Corea.** (p. 42)

Ver desde muebles taraceados hasta biombos bordados en el **Museo de Artesanía de Seúl.** (p. 47)

Aprender las prácticas budistas coreanas a través de programas culturales en el **Jogye-sa** (p. 43) o el **Bongeun-sa.** (p. 119)

Admirar creativas obras de artistas como Nam June Paik o Kim Whan-ki en el **Museo de Arte Leeum.** (p. 100)

Probar infusiones y dulces clásicos y recrearse en los jardines del salón tradicional de té **Suyeon Sanbang.** (p. 140)

Fiesta de los Farolillos de Loto, Jogye-sa (p. 43).

KOBBY DAGAN/SHUTTERSTOCK ©

Lo mejor para niños

Subirse a un fantástico carrusel, montar en globo y girar en la Magic Island de **Lotte World** (p. 120), el primer parque de atracciones local.

Saber más acerca de los personajes de dibujos animados coreanos y descubrir una enorme biblioteca de cómics y novelas gráficas en el **Centro de Animación de Seúl.** (p. 66)

Observar 650 especies de criaturas marinas en el **acuario COEX** (p. 118), el mayor acuario con tiburones del país.

Emular a un marinero en el **parque de los Buques de Guerra de Seúl** (p. 87), que incluye la fragata *Seoul*, un buque de guerra retirado del servicio, fondeado en el río Han junto a un submarino.

Buscar el recinto de ciervos sica y la zona recreativa del **Bosque de Seúl** (p. 140), uno de los parques preferidos de las familias.

Lo mejor gratis

Ver gratis (mi y sa, desde 18.00) el innovador arte y las instalaciones del **MMCA Seoul.** (p. 48)

Apreciar la maqueta de la capital en el **Museo de Historia de Seúl** (p. 48), antes de visitar la cercana **Aldea Museo Donuimun** (p. 48), cuyos antiguos restaurantes y demás construcciones celebran el barrio.

Asistir a la ceremonia del cambio de guardia de **Deoksugung** (p. 62) e inmortalizar el momento con sus participantes.

Una vez visto **Seoullo 7017** (p. 67), descubrir las creativas instalaciones de arte de **Docking Seoul** (p. 67) y las interesantes exposiciones de **Culture Station Seoul 284.** (p. 67)

Hacer un pícnic en el fascinante **parque de la Copa del Mundo** (p. 84), construido sobre un antiguo vertedero en recuerdo del Mundial de Fútbol del 2002.

Tres días perfectos

Al haber tanto que ver y hacer en Seúl, hay que acotar las opciones para que el viajero se centre en lo mejor.

Guardia del Gyeongbokgung (p. 40).

PRIMER DÍA

Si solo se dispone de un día

MAÑANA

Conviene llegar a las 10.00 a Gwanghwamun –puerta principal del **Gyeongbokgung** (p. 40)– para ver el cambio de guardia. Se recorre el palacio sin olvidar las exposiciones del **Museo Etnográfico Nacional de Corea** (p. 42). Se puede almorzar sin recrearse en **Chosun Gimbap** (p. 52) o darse un banquete en **Balwoo Gongyang** (p. 52).

TARDE

Tras dilatar la vista sobre los tejados de las *hanok* paseando por **Bukchon** (p. 36), hacer un circuito por el templo de **Jongmyo** (p. 46).

NOCHE

Pasear a la vera del **Cheong-gye-cheon** (p. 67) hacia el **mercado de Gwangjang** (arriba; p. 65), con deliciosa comida callejera coreana. Tomar un trago en **Gye Young Bae** (p. 71).

SEGUNDO DÍA

Un fin de semana

MAÑANA

Aprender sobre la guerra en el **Centro Conmemorativo de la Guerra de Corea** (p. 101) o meterse de lleno en el arte contemporáneo del espléndido **Museo de Arte Leeum** (p. 100). Pasear y almorzar en **Hannam-dong** (p. 96), barrio predilecto de las estrellas de K-Pop.

TARDE

Subir al céntrico Namsan hacia la **torre N Seoul** (p. 60), bien a pie o bien en teleférico o autobús. Ver la puesta de sol desde lo alto del monte resulta de lo más romántico.

NOCHE

Saborear comida callejera en **Myeong-dong** (arriba; p. 68), antes de enfilar hacia los bares entre neones de **Euljiro** (p. 70) o entregarse a la oferta noctámbula de **Itaewon** (p. 107).

TERCER DÍA

Una escapada

MAÑANA

Se disfruta la riqueza hortícola en el **jardín botánico de Seúl** (arriba; p. 83), y se circunnavega, a pie o en bici, la **isla de Yeoui** (p. 78).

TARDE

Se puede comprar algo para almorzar en **Noryangjin** (p. 82), la mayor lonja de pescado, antes de ir en busca de paz al templo budista **Bongeun-sa** (p. 119). Se entenderá qué es el "estilo Gangnam" viendo los escaparates del acomodado **Cheongdam-dong** (p. 115).

NOCHE

Se recomienda cenar por todo lo alto en uno de los llamativos restaurantes de Gangnam (como **Mingles,** p. 126), asistir a un concierto en el **Centro de Artes de Seúl** (p. 124) o contemplar las luces de colores que se proyectan sobre el río Han desde el complejo cultural **Some Sevit** (p. 125).

Con más tiempo

Se puede descubrir el **Dongdaemun Design Plaza & Park** (p. 136), ascender al **mirador de la cantera de Changsin Sungin** (p. 139) y almorzar en las parrillas de pescados del **mercado de Dongdaemun** (p. 141).

Caminando al este del Cheong-gye-cheon se llega al **Museo Cheong-gye-cheon** (p. 137), a un corto trayecto en autobús o taxi del mercado de hierbas medicinales y del **Seoul K-Medi Center** (p. 138). El **Starbucks Gyeongdong 1960** (p. 138) se halla en el aledaño mercado de Gyeongdong. Al atardecer, Sindang es genial para disfrutar de estilosos cafés y bares, además de la sabrosa comida callejera del **mercado de Jungang** (p. 138).

Recorrer la muralla de Seúl a su paso por el **Inwangsan** (p. 38), disfrutando de las fabulosas vistas de la ciudad, las surrealistas formaciones rocosas y los místicos rituales chamánicos del **Inwangsan Guksadang** (p. 39).

El **Museo de Historia de la Prisión de Seodaemun** (p. 39) desvela los escollos superados por los coreanos para librarse del colonialismo. Culmina el viaje disfrutando del ambiente que cada noche reina en la calle **Hongdae** (p. 81).

Callejón del pescado a la parrilla de Dongdaemun (p. 141).

SIMON RICHMOND/LONELY PLANET ©

Una excursión

No hay que perderse la visita a la **Zona Desmilitarizada** (DMZ, en sus siglas en inglés; p. 72), una zona de contención militar que divide el sur y el norte de la península de Corea. Situada a escasos 55 km de Seúl, hay multitud de empresas que ofrecen excursiones organizadas con itinerarios idénticos.

Aunque en la **Zona de Seguridad Conjunta** (JSA, en sus siglas en inglés) se puede cruzar la línea que separa ambos países, este enclave militar no siempre abre al público y a veces hay que conformarse con observar con prismáticos la densamente minada DMZ desde el **Observatorio Dora** (arriba; p. 73). La tensión se palpa en la frontera.

En un día de lluvia

Si el tiempo no acompaña, es mejor ceñirse a los muchos museos y galerías. La vasta colección del **Museo Nacional de Corea** (p. 98) repasa siglos de historia y arte coreano, mientras que el **Museo de Artesanía de Seúl** (p. 47) y el **MMCA Seoul** (p. 48) ofrecen una mirada a la creatividad coreana, pasada y presente.

Relajarse en los *jacuzzis* y *jjimjilbang* (saunas coreanas) del **Insadong Spa & Sauna** (p. 50) o peinar la oferta comercial subterránea del enorme **Starfield COEX Mall** (p. 118), donde también se encuentra la cautivadora **biblioteca Starfield** (p. 118) y la muestra de K-Pop de **Ktown4u** (p. 118).

Prepararse

ANTES DE PARTIR

Dos meses antes
Memorizar el *hangeul* (alfabeto coreano) y practicar subiendo pendientes a modo de entrenamiento.

Tres semanas antes
Planificar el itinerario, consultar la agenda de fiestas y eventos, reservar un circuito por la DMZ y el programa Templestay. Reservar mesa en restaurantes de nivel.

Una semana antes
Comprar entradas de conciertos. Solicitar una tarjeta SIM local o un módem portátil para recoger en el aeropuerto.

Costumbres

Hacer una breve reverencia es la forma más respetuosa de saludar y despedirse. Cualquier objeto ha de entregarse o recibirse con ambas manos, sobre todo las tarjetas de visita (fundamentales para hacer negocios en Corea), el dinero y los presentes. Hay que descalzarse al entrar en una casa, pensión, templo o restaurante.

Las situaciones o comentarios que puedan resultar incómodos han de ser mitigados o evitados a toda costa.

Qué llevar

Los fríos inviernos se acompañan de nevadas. Durante la cálida primavera pueden producirse repentinos descensos de temperatura de noche, cuando llevar una chaqueta fina es siempre útil. En los calurosos y húmedos días de verano se registran esporádicas lluvias monzónicas; hay que llevar calzado impermeable.

Para cualquier actividad al aire libre, incluido el ascenso al **Namsan** (p. 60), los coreanos siempre llevan prendas y botas de senderismo.

Conviene saber

Lunes Casi todos los museos y palacios cierran los lunes, salvo el **Gyeongbokgung** (p. 40), que cierra los martes.

Día de la Cultura El último miércoles de mes, muchas atracciones turísticas ofrecen entrada gratuita, a lo que hay que sumar las invitaciones y descuentos habituales en teatros y algunos cines.

Tmoney Esta tarjeta de transportes recargable (p. 26) permite viajar por menos dinero y hacer transbordos (autobús y metro) en un intervalo de 30 min sin pagar recargo en la mayoría de los casos. Puede usarse también en taxis y tiendecitas.

Wi-fi Hay zonas wifi gratuitas por toda la ciudad, además de en hoteles, cafés y restaurantes.

Orden público Puede verse policía antidisturbios por el centro de Seúl. Es mejor alejarse de cualquier protesta.

PROPINAS

Ni se dejan, ni se esperan.

PRESUPUESTO DIARIO

Económico Hasta 100 000 KRW

- Cama en dormitorio colectivo: **25 000-30 000 KRW**
- Tentempié en puesto callejero: **2000-5000 KRW**
- Cerveza: **5000 KRW**
- Café: **4000-6000 KRW**
- Billete de metro/autobús: desde **1400/1200 KRW**

Medio Entre 100 000-300 000 KRW

- Apartamento privado o habitación doble de hotel: **100 000-300 000 KRW**
- Cena de dos platos con bebida: **50 000-100 000 KRW**
- Entrada a galería privada: **10 000-15 000 KRW**
- Clase de cocina: **45 000-60 000 KRW**

Alto Más de 300 000 KRW

- Apartamento de lujo o habitación doble en hotel de cuatro estrellas: desde **300 000 KRW**
- Cena *gourmet* con maridaje: **300 000 KRW**
- Entradas para el teatro (preferentes): **70 000 KRW**

Moneda
Won coreano (KRW)

Idiomas
Coreano, inglés

Hora local
GMT/UTC +9 todo el año

BONO DISCOVER SEOUL

Si se prevé abarcar bastantes lugares de interés en poco tiempo, interesa hacerse con el bono **Discover Seoul.** Válido durante 24, 48 o 72 h, ofrece entrada gratis o reducida a decenas de atracciones de toda la ciudad, sirve también de tarjeta de transporte e incluye un trayecto para el Airport Express (A'REX).

Cuándo ir

Solo en pleno verano, cuando el sofocante calor húmedo es bastante molesto, quizá no sea el mejor momento para viajar a la capital coreana. Las épocas ideales son la primavera y el otoño.

De marzo a mayo, Seúl se llena de flores de primavera. Los cerezos del **Namsan** (p. 60) y la Universidad de Ewha Womans, p. ej., se convierten en esponjosas nubes rosas y blancas. Y la isla de Yeoui acoge la **Fiesta de las Flores de Primavera.**

Otra época magnífica es octubre y principios de noviembre, sobre todo si gusta el senderismo, pues las montañas se tiñen de una paleta de colores otoñales. Si se va abrigado, el invierno puede ser también divertido: hay pistas de esquí a menos de 2 h de la capital y, en la **plaza de Seúl** (p. 66), una pista de patinaje al aire libre.

Dos grandes eventos

Entre las más espectaculares de las muchas fiestas anuales de Seúl están la **Fiesta de los Farolillos de Loto** (Yeon Deung Hoe; 2º fin de semana may; protegida por la Unesco), que celebra el aniversario de Buda. En las semanas previas se adornan con coloridos faroles de papel el **Jogye-sa** (p. 43), el **Bongeun-sa** (p. 119) y la **plaza de Gwanghwamun** (p. 49). El clímax se alcanza con un desfile nocturno compuesto por cientos de participantes y enormes carrozas iluminadas que recorre las calles desde la Universidad de Dongguk al Jogye-sa.

Otro acontecimiento importante es **Jongmyo Daeje.** Celebrada el primer domingo de mayo, esta multitudinaria recreación de una solemne ceremonia confuciana es un ritual de danza y música con fastuosas ofrendas en forma de comida y bebida. Comienza con una procesión que va de la plaza de Gwanghwa-

Clima

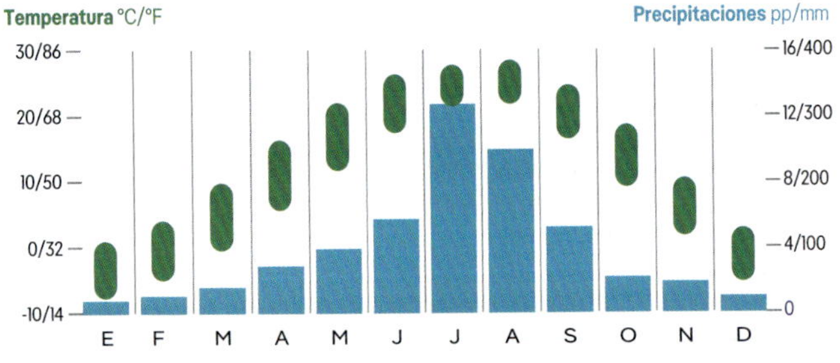

Fiesta de los Farolillos de Seúl, Cheong-gye-cheon (p. 67).

mun al **Jongmyo** (p. 46), y culmina frente al **Jeongjeon** (p. 46), santuario principal de esta doctrina.

Más fiestas y celebraciones

El **Seollal** (Año Nuevo lunar; fin ene/ppios feb) se celebra con actos en los palacios y en el pueblo de *hanok* de Namsangol, pero la ciudad se sume en un período de serenidad conforme los residentes regresan a sus poblaciones natales a honrar a sus ancestros y comer platos tradicionales.

De finales de junio a finales de agosto, es posible refrescarse en las **piscinas al aire libre** de los parques pegados al río Han. El **Festival de Verano del Hangang** (jul-ago) dura un mes y gira en torno al río.

A principios de octubre, el firmamento de Yeouido cobra vida durante el **Festival Internacional de Fuegos Artificiales de Seúl.** Las márgenes del Cheong-gye-cheon se iluminan también con la **Fiesta de los Farolillos de Seúl.**

La temporada de **béisbol** (el deporte con más tirón en Corea del Sur) se disputa de abril a septiembre en el **estadio Jamsil** (p. 123) y en el Gocheok Sky Dome. Comprar entradas es fácil y barato.

CONSEJOS SOBRE ALOJAMIENTO

Las reservas han de hacerse con mucha antelación, máxime si se prevé viajar en períodos de alta ocupación, como el Año Nuevo chino o la Semana Dorada (vacaciones de los japoneses a fin abr o ppios may). Enero y febrero son los meses con mejores tarifas.

Cómo llegar

El aeropuerto de Incheon, 52 km al oeste del centro de Seúl, en la isla de Yeongjong, con dos terminales y toda clase de servicios, recibe casi todos los vuelos internacionales.

Del aeropuerto al centro

En autobús

Los autobuses urbanos (5.45-22.45, cada 10-30 min) tardan un mínimo de 1 h en llegar a diferentes puntos del centro. Los servicios de KAL (klimousine.com), de más categoría, cubren siete rutas (incl. dos nocturnas), deteniéndose en varios hoteles de gama alta.

En tren

Airport Express (A'REX) ofrece dos tipos de convoyes: los más rápidos sin paradas (43-48 min), con salidas cada 30 min desde ambas terminales hacia la estación central de Seúl y asientos numerados. Y los más frecuentes y económicos, que tardan 55 min desde la terminal 1 y 1 h desde la 2. No se asignan asientos y paran en el aeropuerto internacional de Gimpo (práctico para vuelos internos) y en la Universidad de Hongik.

En taxi

Entre 24.00 y 4.00 se cobra un recargo del 20%, salvo los vehículos de lujo. La carrera en taxi al ayuntamiento de Seúl (1 h) sale por 44 000 KWN.

Otros puntos de entrada

Aeropuerto internacional de Gimpo (GMP)

Casi todos los vuelos nacionales (y algunos internacionales) llegan a este aeródromo, 18 km al oeste del centro. Los autobuses urbanos/KAL salen cada 10 min hacia el centro. También se puede ir en las líneas 5 o 9 de metro o en los trenes A'REX a la estación de Seúl.

Puerto de Incheon

Del muelle de Yeonan y la terminal internacional 2 zarpan ferris que conectan Incheon con 10 ciudades portuarias chinas; las travesías duran entre 12 y 24 h.

Cómo desplazarse

El metro suele ser la mejor opción para moverse: la red es amplia, los servicios frecuentes y las tarifas, asequibles. Los autobuses, también muy útiles, circulan, al igual que el metro, de 5.30 a 24.00. Completan el abanico los taxis y las 40 000 bicicletas públicas en alquiler.

Metro

Integradas en la red de trenes de cercanías hay nueve líneas de metro, cada una de un color. Pese a haber multitud de escaleras mecánicas y ascensores, se camina bastante, sobre todo al hacer transbordos. En cada estación, los planos de zona sirven para saber qué salida tomar.

Autobuses

Como mejor partido se saca a la red de autobuses es usándola junto con aplicaciones de transporte y mapas locales. Algunas paradas tienen las rutas en inglés, y en casi todos los autobuses están rotulados los destinos principales en dicho idioma. Y aunque también se anuncian las paradas en inglés, pocos conductores entienden el idioma. Casi ningún autobús acepta efectivo; es esencial hacerse con una tarjeta Tmoney (p. 26).

Bicicleta

El sistema de bicicletas compartidas Ttareungi cuenta con más de 150 puntos repartidos por Seúl. El alquiler se realiza a través de

'APP' ESENCIAL

Naver Map da con la mejor ruta al destino deseado.

bikeseoul.com o de su aplicación: se obtiene un código que se introduce en la bicicleta para liberarla. Tanto en la web como en la *app* puede consultarse un mapa actualizado con las bicis disponibles en cada estación.

Taxi

Todos tienen taxímetro y, pese a que contados taxistas hablan inglés, en la mayoría de taxis se ofrece un servicio gratuito de interpretación telefónico. **International Taxi** (intltaxi.co.kr) tiene conductores angloparlantes. No es necesario dejar propina.

Barco

El autobús fluvial **Hangang River Bus** opera de 6.30 a 22.30 de lunes a viernes y de 9.30 a 22.30 los fines de semana y festivos. Atraca en siete estaciones a lo largo del río, de Magok en el noroeste a Jamsil en el sureste. Navega cada 15-30 min, según la hora del día.

Automóvil y motocicleta

Se conduce por la derecha. Para alquilar un coche hay que tener al menos 21 años y contar con el permiso de conducción del propio país y con el internacional.

Se desaconseja conducir, ya que los atascos –sumados a la impaciencia de algunos conductores, la falta de letreros de calles y de señales de dirección, y los problemas para aparcar– no hacen agradable la experiencia al volante, sobre todo cuando la red de transportes públicos es una de las mejores del mundo.

Información práctica

Tarjeta desechable de metro

Para viajar en metro hay que adquirir y recargar una tarjeta en las máquinas disponibles en cualquier estación. Aun siendo gratuita, incluye una fianza de 500 KRW que se recupera al devolverla en dichas máquinas.

Tmoney

El autobús, el metro, los taxis y los trenes se pueden pagar con la tarjeta recargable Tmoney, la más recomendable, ya que se obtiene un descuento de 100 KRW por trayecto. También se puede usar para hacer transbordos (sin recargo) entre metro y autobús en un máximo de 30 min desde el inicio del viaje.

La versión básica cuesta 3000 KRW (no reembolsables) y se consigue en las máquinas disponibles en la mayoría de las estaciones de metro, así como en las paradas de autobús y tiendas con el logo de Tmoney. Se recarga mediante tarjeta de crédito en dichos lugares y el saldo no utilizado (hasta 20 000 KRW, menos una tasa de 500 KRW) se recupera en las máquinas del metro y en las tiendas participantes.

MPASS

Si se prevé usar mucho el transporte público durante una estancia breve en Seúl, hacerse con un MPASS será una buena inversión. Válido durante 1, 2, 3, 5 o 7 días, cubre toda la red de transporte público metropolitana, más los trenes A'REX. Se adquiere en la Tmoney Town de la estación de Seúl (junto a la salida nº 10) y el precio incluye un depósito de 5000 KRW, reembolsable al devolver la tarjeta.

PRECIOS

Billete de metro
1400/1500 KRW (sin/con tarjeta Tmoney)

Alquiler de bicicleta
1000/5000 KRW (1 h/1 día)

Tarifa diaria
900-2400 KRW

EVITAR LA HORA PUNTA

Los trenes del metro viajan abarrotados de 7.00 a 9.00 y de 18.00 a 19.00 de lunes a viernes.

PRECIOS Y ZONAS

Los billetes de metro y autobús son un 20% más baratos antes de las 6.30. Se aplica una tarifa plana en el metro de Seúl y en casi todos los autobuses que viajen en un radio de 20 km respecto al centro urbano.

Tipo de billete	Tarjeta Tmoney Card	Sencillo
+19 años	1400 KRW	1500 KRW
13-18 años	800 KRW	1500 KRW
6-12 años	500 KRW	500 KRW

Otra cara de Seúl

Disfrutar de un breve retiro en un templo o explorar deslumbrantes complejos palaciegos son dos de las muchas experiencias que promete la capital surcoreana.

La vida en un templo

Los templos son remansos de paz en medio del frenesí de la ciudad. El programa Templestay (templestay.com) ofrece la posibilidad de ver cómo vive un monje budista. Se puede escoger entre un programa de un día (3 h, aprox.) y una estancia con pernoctación y comidas. Participan 12 templos, entre ellos el **Jogye-sa** (p. 43), el **Bongeun-sa** (p. 119) y el **Gilsang-sa** (p. 140).

Belleza nocturna

Cada noche, el cielo de Seúl se ilumina con el impresionante espectáculo de luces del **Deoksugung** (p. 62) y el **Changgyeonggung** (p. 137), cuyo seductor ambiente se presta a una visita nocturna. El puente Banpo, sobre el río Han, se transforma de abril a octubre en la **fuente del Arcoíris a la Luz de la Luna** (p. 124), con luces que 'bailan' al ritmo de la música. La fachada del neofuturista **Dongdaemun Design Plaza** (p. 136) acoge dos veces al año un fascinante proyecto de arte digital en el Seoul Light DDP.

Pasión por lo retro

El gusto por el pasado reciente es la base del fenómeno *newtro,* patente desde en negocios abiertos por jóvenes emprendedores en el **Sewoon Sangga** (p. 70) de finales de la década de 1960 hasta en el **Starbucks Gyeongdong 1960** (p. 138), una nueva versión de teatro de época similar. Los *dabang* (cafés retro) causan furor, ya sea manteniéndose intactos, como el **Hakrim** (p. 135), o renacidos como coctelerías, como el **Ace Four Club** (p. 71). También hay sitios donde escuchar vinilos, como la **Hyundai Card Music Library** (p. 97).

FUERA DE RUTA

Escoger entre 200 sabores de *ramyeon (ramen)* instantáneos en la **CU Ramen Library** de Hongdae (p. 86).

Ver arte de inspiración religiosa, vídeos y estatuas con traviesas de ferrocarril en el **Museo de Historia del Santuario de Seosomun** (p. 66).

Admirar los centenarios centinelas de piedra del recinto ajardinado del **Museo Wave** (p. 139).

Explorar el **Mullae Arts Village** (p. 85), donde convergen talleres de artistas y fábricas.

Gilsang-sa (p. 140).

Fuente del Arcoíris a la Luz de la Luna (p. 124).

Explora Seúl

Merece la pena

Circuitos a pie

Changgyeonggung (p. 137).

Sugerencias de lugares para comer, beber y comprar en **p. 52**

Explora Gwanghwamun y Jongno-gu

El majestuoso corazón de Seúl es Jongno-gu, un distrito que viene definido por dos importantes palacios: Gyeongbokgung y Changdeokgung. La zona que rodea al primero se conoce como Gwanghwamun, por la opulenta puerta de acceso al palacio Joseon y la plaza frente a él. Tras este se alza el Bukaksan, el más alto de los cuatro picos que custodian la ciudad, insuperable por sus vistas de las tradicionales *hanok* (antiguas casas de madera). Bukchon tiene la mayor concentración, pero también las hay en Seochon e Ikseon-dong. Abundan, también, las galerías de arte y las tiendas de artesanía, sobre todo por Insa-dong, donde se halla el principal templo budista de la capital surcoreana, Jogye-sa.

Cómo desplazarse

A pie

La única forma de explorar las densamente pobladas calles de Bukchon, Seochon, Insa-dong e Ikseon-dong es caminando. Al norte del Gyeongbokgung salen varios senderos hacia el Bukaksan, y desde Seochon se aborda el Inwangsan.

Metro

Las líneas 1, 3 y 5 tienen estaciones en la zona. Anguk es la que más a mano queda de Insa-dong y Bukchon; la salida 4 de Jongno 3-ga, es la más próxima a Ikseon-dong; y Gyeongbokgung es la mejor para el palacio homónimo y Seochon.

Gyeongbokgung (p. 40).
PKPHOTOGRAPH/SHUTTERSTOCK ©

★

LO MEJOR

Admirar el recinto del **GYEONGBOKGUNG** (p. 40).

Ver el jardín detrás del **CHANGDEOKGUNG,** reconocido por la Unesco (p. 44).

Viajar en el tiempo en las *hanok* de **BUKCHON** (p. 36).

Aprender acerca del budismo en el **JOGYE-SA** (p. 43).

Aplaudir las bellas exposiciones del **MUSEO DE ARTESANÍA DE SEÚL** (p. 47).

A
B
C
D
1
2
3
4
5
6
28
29
Cheong Wa Dae
27
CHEONGUNHYOJA-DONG
Hyoja-ro
Cheongwadae-ro
Pirundae-ro
SEOCHON
HYOJADONG
Hyangwonjeong
Museo Etnográfico Nacional de Corea
Museo de Park No-soo
6
Box Lunch Cafe
4
Jahamun-ro 16-gil
3
Mercado de Tongin
39
Samcheong-ro
Ogin Oraksil
5
TONGIN-DONG
Amisan
Baekmidang
Gyotaejeon
7
Jahamun-ro 9-gil
Gyeonghoeru
Gangyeongjeon
Sojubang
SOGYEOK-DONG
Daeo Sochom
Jahamun-ro
TONGUI-DONG
Hyoja-ro
Donggung
Jongchinbu
Seochon Lounge
9
Geunjeongjeon
14
13
MMCA Seoul
49
PIRUN-DONG
Casa de Hong Geonik
8
40
Gyeongbokgung
Samcheong-ro
Museo del Palacio Nacional de Corea
Heungnyemun
Plaza Yeollin Songhyeon
Parque Sajik
Sajik-ro
Gwanghwamun
56
Gyeongbokgung
Yulgok-ro
Sajik-ro
51
Sajik-ro 8-gil
Saemunan-ro 3-gil
Saemoonan-ro 5-gil
Sejong-daero
Museo Nacional de Historia Contemporánea
20
Parque Sejongno
SAJIK-DONG
Gyeonghuigung-gil
Estatua del rey Sejong
18
Centro Sejong de Artes Escénicas
19
16
Plaza de Gwanghwamun
Sambong-ro
42
Gwanghwamun
11
Gyeonghuigung
Museo de Historia de Seúl
17
DANGJU-DONG
Estatua del almirante Yi Sun-sin
55
Parque Gyeonghuigung
10
Saemunan-ro
Aldea Museo Donuimun
12
Sejong-daero
Mugyo-ro
SOGONG-DONG
JUNG-GU
Saemunan-ro

Parque Samcheong
0
500 m
SAMCHEONG-DONG
GAHOE-DONG
GYE-DONG
JONGNO-GU
ANGUK-DONG
IKSEON-DONG
NAGWON-DONG
INSA-DONG
MYEONG-DONG
IHWA-DONG
30
31
32
Centro de senderismo turístico de Seúl
24 Seoul Kimchi Academy
Ongnyucheon
Soyoam
Yeongyeongdang
Pabellón Juhamnu
Huwon
Estanque Buyongi
Mishmash
Injeongjeon
Changdeokgung
Nakseonjae
Donhwamun
Arario Museum in SPACE
15
Hansik Space E:eum 23
43
44
37
48
38
Museo de Artesanía de Seúl
1
Anguk (salida 3)
Anguk (salida 1)
Museo de Música 33 Folclórica Coreana de Seúl
34 Teatro Tradicional Donhwamun de Seúl
60
2
26
22
Unhyeongung
21
41
Yeongnyeongjeon
Parque del Jongmyo
Yeorlin Songhyeon
35
Korean Temple Food Centre
Insadong Spa & Sauna
Jeongjeon
54
Jogye-sa
36
47
46
58
57
59
Samil-daero 30-gil
50
Jongmyo
Gonsindang
25
O'ngo
53
Centro de información para extranjeros del Jogye-sa
45
52
Jongno 3-ga
Parque Tapgol
Parque de la plaza del Jongmyo
Jonggak
Jong-ro
Cheong-gye-cheon
Bukchon-ro
Gyedong-gil
Changdeokgung-gil
Bukchon-ro 5-gil
Changgyeonggung-ro
Yulgok-ro
Donhwamun-ro
Seosulla-gil
Dongsunla-gil
Samil-daero
Insadong-gil
Insadong 5-gil
Ujeongguk-ro
Supyo-ro
Namdaemun-ro
E
F
G
H
1
2
3
4
5
6
Más información
Imprescindible p. 40
Experiencias p. 47
Comer p. 52
Beber p. 53
Comprar p. 53

CIRCUITO A PIE

Admirar las 'hanok' de Bukchon

Los sirvientes y artesanos de palacio vivían en tiempos en Bukchon, donde se halla la mayor concentración de viviendas tradicionales de Seúl. Lo indicado es perderse por sus callejuelas laberínticas, disfrutar de las vistas y detenerse en cafés, galerías de arte, pequeños museos y tiendas de artesanía. Si se visita por la mañana temprano o al caer la noche se evitarán las multitudes.

INICIO	FINAL	DURACIÓN
Onion	Kiwa Taproom	2,5 km; 2 h

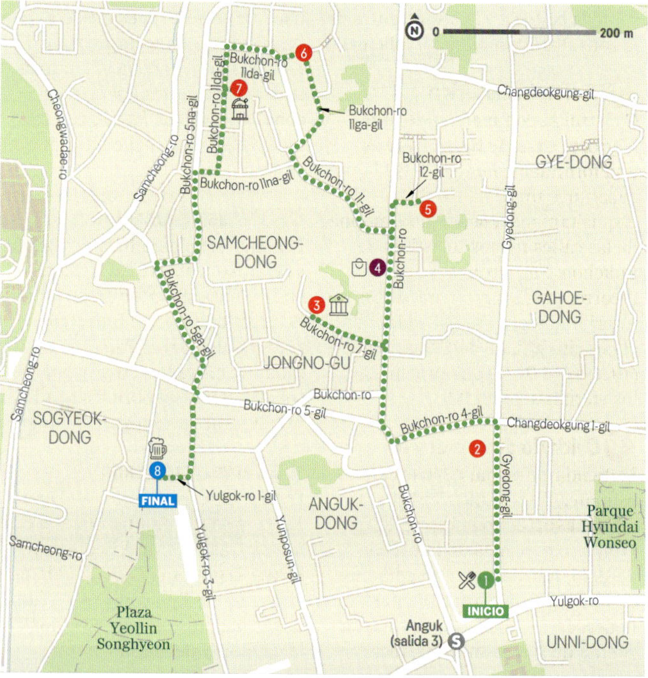

1 Paraíso panadero

Onion *(7.00-22.00 lu-vi, 9.00-22.00 sa y do),* la panadería-cafetería preferida por los *hipsters* capitalinos, ha abierto una sucursal en una amplia *hanok* reconvertida. Hay que probar su característico té con leche y el *pandoro* con azúcar glas, y llevarse alguna tentadora pieza de repostería.

2 Iniciación a las 'hanok'

Alojado en una *hanok,* el **Centro de la Cultura Tradicional de Bukchon** tiene una pequeña exposición sobre la historia y la arquitectura de la zona. Facilitan planos y folletos.

3 Vivienda histórica

Construida con madera de pino negro, la **casa de Baek In-je** es una formidable *hanok* de 1913 que constituye un remanso de paz, exquisitamente conservado, en una de las calles menos turísticas de Bukchon. Sus jardines se pueden recorrer gratis, pero para visitar su interior hay que reservar plaza en el circuito guiado de 1 h en inglés *(tlf. 02-724 0294)* que organizan los viernes a las 16.00.

4 Cuidado de la piel y té

La tienda principal de la exclusiva marca de artículos de belleza **Sulwhasoo** ocupa una espléndida *hanok* remodelada de la década de 1930, integrada en un edificio de hormigón de varias plantas de la década de 1960. Tras dar buena cuenta de sus cosméticos, toca subir al piso alto para deleitarse con un *matcha latte* o con un cóctel de té en **O'Sulloc** *(11.00-20.00).*

5 Arte decorativo tradicional

En el **Dong-Lim Knot Workshop,** en una deteriorada *hanok,* imparten clases de nudo chino en las que se enseña a hacer pulseras, collares y llaveros con varias técnicas.

6 Calle fotogénica

El **callejón Gahoe-dong** es el lugar preferido en Bukchon para hacerse un selfi, pues desde lo alto de esta estrecha y empinada calle residencial se aprecia el contraste de los elegantes tejados del conglomerado de *hanok* con las modernas torres del centro de Seúl, al fondo.

7 Vistas de los tejados

Un buen sitio para huir del gentío es el **observatorio de Bukchon,** en la planta superior de un bloque de apartamentos de hormigón rodeado de *hanok.* Pagando una modesta entrada se disfrutará de soberbias vistas sobre los tejados mientras se toma algo.

8 Cerveza artesana

El tejado de una *hanok* se llama *Kiwa,* y oculto en una maraña de *hanok* tras el MMCA Seoul está **Kiwa Taproom** *(12.00-23.00),* que sirve *ales* de Euljiro Brewing (una de las mejores microcerveceras de la capital) y deliciosa comida.

CIRCUITO A PIE

Subir al monte del Tigre Blanco

El Inwangsan, uno de los montes guardianes de Seúl, debe su nombre a los tigres que en su día erraban por sus boscosas laderas. Durante el ascenso por su pendiente de granito se encontrarán secciones de la muralla medieval, un colorista santuario chamánico, enclaves asociados a la lucha por la independencia de Corea e impresionantes vistas urbanas.

INICIO	FINAL	DURACIÓN
Aldea Museo Donuimun	Dongnimmun	5 km; 3 h

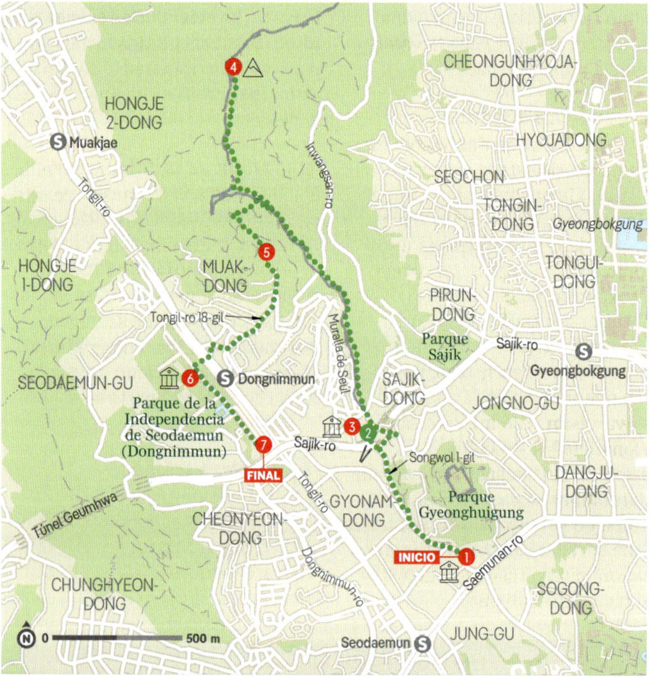

1 Un siglo de Seúl

Donuimun, la puerta oeste de la muralla de Seúl, fue demolida en 1915. En la **Aldea Museo Donuimun** (p. 48) aguardan una maqueta suya e interesantes exposiciones que arrojan luz sobre la historia más reciente de la ciudad.

2 Cocina norcoreana

Regentado por la desertora Lee Ae-ran, el restaurante norcoreano **Neungra Bapsang** ha alimentado a una nutrida nómina de comensales famosos con especialidades como *Pyongchang onban* (sopa de pollo y arroz) y *gamja mandu* (empanadillas de patata).

3 Vivienda histórica

Erigida en 1924 por el periodista y empresario estadounidense Albert Wilder Taylor y su esposa Mary, la bellamente restaurada casa de ladrillo **Dilkusha** ilustra cómo vivía en Corea esta pareja de expatriados.

4 En la cima

Pese a ser un monte bajo, no hay que subestimar la subida al **Inwangsan** (338 m), con tramos pronunciados y rocosos. A un ritmo constante, siguiendo la ruta a la sombra de una sección reconstruida de la muralla, se corona la cima en 1 h aprox. Se divisan unas panorámicas excelentes mientras se recupera el aliento.

5 Donde habitan los espíritus

El ornamentado **Inwangsan Guksadang** es uno de los lugares más importantes de Seúl para el chamanismo, la antigua religión popular de Corea. Se levantó en 1925, después de que el santuario primigenio fuera destruido durante la ocupación japonesa. Más arriba se observa Seonbawi, una roca que se asemeja a un monje.

6 Cárcel de disidentes

Esta antigua cárcel de ladrillo rojo (1908) hoy es el **Museo de Historia de la Prisión Seodaemun,** en cuyas celdas originales fueron encarcelados, torturados e interrogados insurgentes y defensores de la democracia.

7 Parque de la Independencia

El elemento más destacado de este parque, dedicado a quienes lucharon por la independencia de Corea, es el **Dongnimmun,** un arco de granito construido en 1898 –en el lugar exacto donde se recibía a los emisarios de los emperadores chinos– tomando como modelo el Arco de Triunfo parisino.

IMPRESCINDIBLE

Gyeongbokgung

Se recomienda reservar la mejor parte del día a descubrir el Gyeongbokgung, el punto en torno al cual Seúl gravita desde 1395. Modificado a lo largo de la historia, el palacio real más grande y antiguo de la ciudad también depara dos magníficos museos y espectaculares ceremonias del cambio de guardia.

PLANO: P. 34 **C3**

CONSEJO
El cambio de guardia se realiza todos los días (salvo ma) cada hora entre 10.00 y 14.00.

Escanea este código QR para precios, horarios y demás.

Historia

El "palacio del brillo y la fortuna" fue la principal residencia real hasta su destrucción, en 1592, durante la invasión japonesa. Se mantuvo en ruinas hasta que fue reconstruido para el rey Gojong en 1868. Asesinos a sueldo japoneses irrumpieron en el palacio en 1895 y mataron a su esposa, la reina Min, una de las figuras más poderosas de entonces.

Las autoridades coloniales japonesas volvieron a ocasionar graves daños al palacio (demolieron más del 90% de los edificios, entre ellos el **Gwanghwamun**) para hacer hueco al enorme Edificio General del Gobierno de Japón, que a su vez fue derribado en la década de 1990 para reconstruir el Gwanghwamun.

Distribución

Atravesando el amplio jardín delantero se cruza una segunda puerta, **Heungnyemun,** para llegar al historiado **Geunjeongjeon,** un impresionante salón del trono donde los reyes eran coronados, recibían a emisarios extranjeros y atendían los asuntos de Estado.

Al oeste del Geunjeongjeon se encuentra el **Gyeonghoeru,** un pabellón asentado sobre 48 pilares en un estanque, en el que se celebraban banquetes oficiales.

Varias salas de reuniones de menor tamaño preceden al **Gangyeongjeon** (los aposentos del rey), y detrás se alza el **Gyotaejeon** (aposentos de la reina). Les siguen los jardines aterrazados del **Amisan,** en cuya parte superior se observan unas chimeneas de ladrillo rojo decoradas con símbolos de longevidad, utilizadas como salida de humo del *ondol* (sistema de calefacción radiante).

Situado simbólicamente en la parte oriental del recinto (por donde sale el sol) se halla el **Donggung,** los aposentos del príncipe heredero. Aquí se aprecia uno de los añadidos más recientes del palacio: el Gyejodang, reconstruido en el 2023. Al norte del Donggung se sitúa la cocina principal o **Sojubang.**

En el extremo norte del complejo hay salas a disposición del personal del rey Gojong y un estanque rematado con el **Hyangwonjeong,** un atractivo pabellón hexagonal.

Museo del palacio

En gran medida carente de mobiliario y con salas cerradas al público, el Gyeonbukgung recuerda a un escenario cinematográfico, y las hordas de visitantes que recorren el palacio ataviados con *hanbok* (traje tradicional) acrecientan esa sensación.

Para saber cómo era la vida en palacio, lo indicado es explorar el **Museo Nacional del Palacio de Corea,** a la izquierda, según se entra en el Gwanghwamun. Sus completas exposiciones muestran, además, las dotes artísticas de la dinastía Joseon, y su moderna **Biblioteca Digital del Legado Cultural** incluye una espectacular zona de proyecciones, amén de experiencias interactivas de realidad virtual y aumentada.

ALQUILER DE 'HANBOKS'

Una forma habitual de visitar los monumentos es ataviado con *hanbok* (vestimenta tradicional), lo que permite entrar gratis en todos los palacios y el Jongmyo (p. 46). En las inmediaciones de los palacios hay multitud de tiendas que los alquilan (4 h/15000 KRW, ambos sexos).

MOLPIX/SHUTTERSTOCK ©

UNA PAUSA
Baekmidang
(₩; 11.30-20.00) lleva desde 1964 elaborando cremosos helados (incl. uno con leche de soja) que pueden acompañarse de un café o galletas en su cafetería tipo *hanok*.

Comprender la cotidianeidad coreana

Hay que conceder al menos 1 h al formidable **Museo Etnográfico Nacional de Corea** (arriba). Posee tres salas principales que revelan la cultura coreana a través de perspectivas de la vida cotidiana, un año en Corea, y los momentos clave en la vida de un coreano medio. Destaca su fantástica sección infantil.

Hay todo un despliegue de construcciones históricas al aire libre, incluida una pintoresca calle con edificios al estilo de las décadas de 1960 y 1970, en la que no falta un *dabang* (café a la antigua) que sirve café de cortesía.

★ IMPRESCINDIBLE

Jogye-sa

Engalanado con coloridos farolillos de papel, el Jogye-sa es la sede de la orden de Jogye (la mayor del budismo coreano) y un activo centro religioso que permite entender mejor el budismo, sobre todo si se participa en algún programa Templestay.

La **Daeungjeon,** la imponente sala de oraciones del templo, es la mayor de Seúl de culto budista. Las obras de este edificio estilo Joseon acabaron en 1938, y luce escenas de la vida de Buda y celosías florales talladas. Tres enormes budas ocupan su interior: a la izquierda, el Amitabha o Buda del Paraíso Occidental; en el centro, el Buda histórico; y a la derecha, el Bhaisaiya o Buda de la Medicina.

En el recinto también posee una **'stupa'** octagonal de 10 niveles, con una reliquia de Buda traída a Corea en 1913 por un monje ceilandés; y el **Beomjongnu,** un pabellón que alberga un tambor para convocar a los animales terrestres, un gong de madera en forma de raspa para llamar a las criaturas acuáticas, otro de metal en forma de nube para atraer a las aves y una gran campana de bronce para reunir a las criaturas subterráneas, que se tañe en 28 ocasiones a las 16.00 y 33 veces a las 18.00.

En el **museo** del Jogye-sa exhiben antiguas planchas de madera, cuadros repletos de símbolos y demás objetos budistas. Hay un café y una tienda de regalos.

Un buen momento para visitar el templo es durante la **Fiesta de los Farolillos de Loto** (fin abr-ppios may), que celebra el aniversario de Buda.

PLANO: P. 34 **E4**

CONSEJO

En el **Centro de información para extranjeros** es posible inscribirse en el programa Templestay de 3 h (p. 28), que incluye meditación, un taller de fabricación de farolillos y cuentas de oración, y una ceremonia del té.

Escanea este código QR para precios, horarios y demás.

★ IMPRESCINDIBLE

Changdeokgung

Si solo hay tiempo para visitar uno de los palacios de Seúl, que sea el Changdeokgung, el más bello y mejor conservado de todos, declarado Patrimonio Mundial por su sereno Jardín Secreto, paradigma del paisajismo de la dinastía Joseon.

PLANO: P. 34 **G3**

CONSEJO
El **Jardín Secreto** solo puede verse en una visita guiada. Las entradas (limitadas) han de reservarse en línea con seis días de antelación y retirarse en el palacio.

Escanea este código QR para precios, horarios y demás.

Edificios del palacio

El Changdeokgung data de 1405, pero al igual que los otros palacios de la capital surcoreana, sucumbió a la invasión japonesa de finales del s. XVI. Tras ser reconstruido en 1610, fue el principal palacio real hasta 1867 y los descendientes de la realeza siguieron utilizándolo hasta 1989.

Tras acceder por la imponente puerta, la **Donhwamun,** se tuerce a la derecha y se cruza un puente de piedra de 1414 (con animales guardianes tallados a ambos lados). A la izquierda, cruzando un patio adoquinado, se halla el bello **Injeongjeon** (salón del trono). Al lado quedan los edificios gubernamentales. A continuación, se llega a las dependencias reales, cuyas policromadas estancias con muebles diseminados ofrecen un atisbo de cómo era el Changdeokgung en su apogeo.

Antes de dirigirse al Jardín Secreto se observa el **Nakseonjae,** un complejo construido en el reinado de Heonjong [1834-1849] en austero estilo confuciano.

Jardín Secreto

Abarcando el 60% del recinto, surcado por sinuosos senderos que conducen a claros tachonados de estanques ornamentales y pabellones, el **Huwon** (Jardín Secreto; foto dcha.) es un bosque donde la

MATT RAGEN/SHUTTERSTOCK ©

realeza se relajaba y celebraba banquetes, los militares se entrenaban y los monarcas jugaban a ser productores de arroz.

La estampa más famosa la ofrece el **estanque Buyongi** señoreado por el **pabellón Juhamnu,** una biblioteca de dos plantas mandada construir por el rey Jeongjo en 1776. Más adelante hay otros dos estanques y el **Yeongyeongdang,** concebido como espacio de estudio del príncipe heredero en 1828.

En el riachuelo **Ongnyucheon,** en la parte trasera del jardín, se encuentra la gigantesca **Soyoam,** una roca inscrita con tres caracteres chinos realizados por el rey Injo en 1636 (*ong-nyu-cheon,* "el arroyo de jade") y con un poema compuesto en caracteres chinos por el rey Sukjong.

UNA PAUSA
Para un delicioso almuerzo o cena, una buena opción es el restaurante coreano-danés **Mishmash** (*₩₩₩; 11.00-15.00 y 18.00-21.00*), con vistas al Changdeokgung.

★ IMPRESCINDIBLE

Jongmyo

Abrazado por bosques, este santuario de 1395, Patrimonio Mundial, alberga tablillas espirituales de los reyes Joseon y de funcionarios leales.

PLANO: P. 34 **H4**

CONSEJO
Hay circuitos guiados en inglés *(10.00, 12.00, 14.00 y 16.00, lu y mi-vi)*. Los fines de semana y festivos se puede visitar por libre.

Escanea este código QR para precios, horarios y demás.

El recinto del santuario

Corea es el único país del mundo donde se conserva perfectamente un santuario ancestral de la realeza y en el que los ritos de veneración siguen celebrándose según la antigua tradición. Los edificios del Jongmyo están decorados con sencillez, como dicta la solemne finalidad del espacio. Se organizan visitas guiadas y en mayo es el escenario de la destacada ceremonia **Jongmyo Daeje** (p. 22).

Mientras que los restos mortales de la realeza yacen en sepulcros, como los de Gangnam (p. 123), sus espíritus residen en "tablillas": cajas de madera con pequeños orificios a ambos lados, que guardan los logros alcanzados por la persona.

Al escribir estas líneas, el **Jeongjeon,** el santuario principal, estaba siendo restaurado por primera vez desde 1870. Precedido de un patio delantero de laja, contiene 49 espirituales reales en 19 salas sin ventanas, cerradas a cal y canto. A la derecha de la entrada principal está el **Gonsindang,** donde se encuentran las tablillas de 83 súbditos meritorios.

El **Yeongnyeongjeon,** el santuario menor, construido en 1421, alberga 34 tablillas de miembros secundarios de la realeza, como Yi Un, el último príncipe heredero coreano, fallecido en 1970.

Detrás de los santuarios hay senderos que cruzan un arbolado parque en dirección al Changgyeonggung (p. 137). Solo dejan caminar de un lugar a otro en festivos.

EXPERIENCIAS

Ver el Museo de Artesanía de Seúl

MUSEO

PLANO: 1 P. 34 **E4**

El tradicional vínculo de Insa-dong con el arte y la artesanía explica que, en el 2021, abriera aquí este museo con una espectacular colección de 23 000 piezas, que comprende desde cerámica de la dinastía Joseon hasta trabajos en metal, pasando por biombos bordados y hermosos ejemplos de *pojagi* (telas para envolver regalos). También exhibe la obra de artistas patrios contemporáneos, como el ceramista Lee Hun-chung.

Se empieza por la exposición permanente "Artisans; Making the Better World", en los edificios 1 y 2, que repasa la historia de la artesanía. En el edificio 3 (un antiguo centro de secundaria) están las obras textiles donadas por el desaparecido Huh Dong-hwa y su esposa Park Young-sook. También hay un **Museo Infantil** para el que es preciso reservar una franja horaria con antelación; dispone, además, de un observatorio en la azotea con vistas al anejo **Yeorlin Songhyeon** (PLANO: 2 P. 34 **E4**), un vistoso parque urbano inaugurado en el 2022.

Explorar las calles de Seochon

BARRIO

Seochon, también lleno de *hanok*, no suele estar tan abarrotado de turistas como Bukchon, lo que lo convierte en una zona agradable para pasear.

Se empieza explorando el **mercado de Tongin** (PLANO: 3 P. 34 **B2**). Llegando a la mitad de esta galería comercial techada está el **Box Lunch Cafe** (PLANO: 4 P. 34 **B2**), donde venden fichas para comprar comida en los distintos puestos.

Frente al extremo oeste del mercado se encuentra Ogin-gil, una atractiva calle jalonada de cafés, panaderías y *boutiques*. Por el camino aparecen **Ogin Orak-sil** (PLANO: 5 P. 34 **A2**), unos salones

¿QUÉ ES UNA 'HANOK'?

Verdaderas depositarias de la tradición arquitectónica coreana, las *hanok* son casas de madera de una sola planta, aisladas con barro y paja y coronadas por tejados de tejas de arcilla. Por regla general, se dejan sin pintar y sus tonos terrosos aportan un toque cálido e íntimo. Todas las salas tienen puertas correderas y *ondol* (calefacción radiante), y dan a un *madang* (patio central). En tiempo reciente, muchas de las *hanok* de Bukchon, Seochon e Ikseon-dong se han reconvertido en pensiones, restaurantes, cafés, bares y *boutiques*, lo que facilita apreciar esta singular expresión arquitectónica. Otras, como la **casa de Baek In-je** (p. 37), se han preservado en su estado original.

recreativos a la antigua usanza, y el **Museo de Park No-soo** (PLANO: 6 P. 34 **A2**), decorado con cuadros y muebles del famoso pintor Park (1927-2013), que vivió de 1973 y 2011 en esta casa de ladrillo de 1937.

Tras retroceder hasta el mercado, se enfila al sur hacia el **Daeo Sochom** (PLANO: 7 P. 34 **A3**; *11.00-22.00 ma-do*). Abierto como librería en 1951, este café de aspecto destartalado destila ambiente añejo, con muchas reliquias y una estética peculiar.

La **casa de Hong Geonik** (PLANO: 8 P. 34 **A3**) es la última *hanok* de Seúl con *ilgakmun* (puerta con dos postes), *binggo* (almacén de hielo) y pozo. No lejos está la moderna *hanok* del **Seochon Lounge** (PLANO: 9 P. 34 **A3**), un bonito espacio consagrado a la artesanía y el diseño coreanos contemporáneos.

Visitar el Museo de Historia de Seúl MUSEO

PLANO: 10 P. 34 **B5**

Este fascinante museo esboza la historia de la ciudad desde el nacimiento de la dinastía Joseon. Un elemento destacado es su maqueta de Seúl, que cobra vida con luces y videoproyecciones.

El museo linda con el plácido recinto del **Gyeonghuigung** (PLANO: 11 P. 34 **A5**). Buena parte del palacio de la Brillante Celebración (1623) fue destruido durante la anexión japonesa. Solo se han restaurado la sala principal de audiencias (Sungjeongjeon) y la más pequeña sala de oficiales situada detrás, más unos cuantos patios, muros y pasillos.

También hay que dedicar tiempo a las callejas de la **Aldea Museo Donuimun** (PLANO: 12 P. 34 **A6**), dependencia del Museo de Historia, contigua al palacio. Creada a partir de los edificios del barrio de Saemunan (entre otros, un restaurante italiano de la década de 1960, un restaurante tradicional coreano de la de 1990 y una hilera de *hanok*), la aldea es una oda a los cambios que ha experimentado Seúl a lo largo de las décadas.

Recorrer las salas del MMCA Seoul GALERÍA DE ARTE

PLANO: 13 P. 34 **D3**

Instalado en un enorme complejo integrado por espaciosas galerías modernas y los reconvertidos edificios de ladrillo del antiguo Mando de Seguridad de Defensa, el principal museo de arte contemporáneo de la ciudad presenta exposiciones temporales compuestas por ambiciosas obras vanguardistas. Hay que dedicar medio día para verlo todo. Su espléndida librería y tienda de regalos justifican la visita. Los miércoles y sábados, las galerías abren hasta las 21.00, y todas las exposiciones son gratis pasadas las 18.00.

En un jardín al fondo de la galería principal se halla **Jongchinbu** (PLANO: 14 P. 34 **D3**), la real oficina de genealogía durante la dinastía Joseon.

Disfrutar del Arario Museum in SPACE

GALERÍA DE ARTE

PLANO: 15 P. 34 **F3**

Considerada una de las mejores galerías de arte privadas de la capital surcoreana, contiene obras de la colección del magnate coreano Kim Chang-il, incluidas piezas de Nam June Paik, Koo Kang, Kōhei Nawa, Tracey Emin, Damien Hirst y Cindy Sherman.

El edificio SPACE, cubierto de hiedra, es una obra fundamental de la arquitectura de principios de la década de 1970, con salas de techos bajos y una disposición laberíntica que casa a la perfección con las obras expuestas.

Completa el complejo una *hanok* y un anexo acristalado de cinco plantas (añadido en 1997) que alberga cafés, restaurantes y la gratuita Arario Gallery.

Pasear por la plaza de Gwanghwamun

PLAZA

PLANO: 16 P. 34 **C5**

Con 557 m de largo y 34 de ancho, este espacio público no solo brinda una grandiosa entrada al Gyeongbokgung (p. 40), sino que acoge acontecimientos señalados, como p. ej., la Fiesta de los Farolillos de Seúl (dic y ene).

Dos héroes nacionales son homenajeados con estatuas enormes: el **almirante Yi Sun-sin** (PLANO: 17 P. 34 **C5**) y el **rey Sejong** (PLANO: 18 P. 34 **C5**). En la base de la efigie del segundo hay una entrada que desciende a una exposición subterránea alusiva.

En el flanco oeste está el **Centro Sejong de Artes Escénicas** (PLANO: 19 P. 34 **C5**), un complejo artístico puntero, en cuya fachada se proyecta un espectáculo de luces todas las noches.

En la esquina noreste, el **Museo Nacional de Historia Contemporánea de Corea** (PLANO: 20 P. 34 **C4**) presenta interesantes exposiciones sobre el meteórico ascenso del país tras la guerra de Corea. También tiene creativas obras que se nutren de la historia y una azotea con vistas de la plaza y el Gyeongbokgung.

HÉROES NACIONALES

El **rey Sejong** (1397-1450) promovió la cultura, consolidó las fronteras y dio ejemplo con su rectitud confuciana. Bajo su liderazgo, los eruditos de la corte inventaron el alfabeto fonético *hangeul*, el sencillo sistema de escritura del idioma coreano que permitía que cualquiera aprendiera a leerlo. Así pues, el *hangeul* es una de las razones que explican que Corea tenga un nivel de alfabetización universal. Por su parte, el **almirante Yi Sun-sin** (1545-1598) diseñó los innovadores buques de guerra revestidos de metal, conocidos como *geobukseon* (barcos tortuga), con los que derrotó a la mucho más numerosa Armada japonesa que atacó Corea a finales del s. XVI.

CLASES PRÁCTICAS DE COCINA

Seoul Kimchi Academy

PLANO: 24 P. 34 **F2**

Lleva desde el 2005 enseñando a elaborar varios tipos de *kimchi* en una *hanok* centenaria de Bukchon.

O'ngo

PLANO: 25 P. 34 **F4**

Ofrece clases de cocina y circuitos gastronómicos. En la clase para principiantes, entre otros platos, se aprende a preparar *haemul pajeon* (tortita de marisco) y *sundubu* (tofu blando estofado).

Korean Temple Food Centre

PLANO: 26 P.34 **E4**

Todos los sábados a las 10.00 imparte cursos en inglés que abarcan distintos platos veganos propios de la cocina de templo.

Mimarse en Insadong Spa & Sauna

SAUNA

PLANO: 21 P. 34 **F4**

Por todo Seúl hay saunas y baños coreanos *(jjimjilbang)* que invitan a relajarse, pasar el rato y disfrutar de rituales de salud y belleza. Un buen sitio para probar es Insadong Spa & Sauna, atendido por personal anglohablante.

En las zonas para personas del mismo sexo, en las que se va desnudo, hay baños a distintas temperaturas y saunas de vapor. Pagando un suplemento ofrecen exfoliaciones corporales completas. Dispensan un pijama para la sauna mixta seca y la zona de relajación.

Viajar en el tiempo en el Unhyeongung

PALACIO

PLANO: 22 P. 34 **F4**

Este palacio, más modesto, luce un diseño de madera natural que refleja el gusto austero de Heungseon Daewongun (1820-1898), el severo y conservador padre del rey Gojong. Entre las drásticas políticas adoptadas se incluía el exterminio de los coreanos católicos, la expulsión de los extranjeros y el cierre de las escuelas confucianas. Gojong nació y se crió aquí hasta 1863, cuando ascendió al trono con 12 años y su padre ejerció de regente. El palacio solo está concurrido cuando acoge algún acontecimiento cultural.

Aprender sobre la comida y las bebidas coreanas

CENTRO CULTURAL

PLANO: 23 P. 34 **E3**

Además de ser un café y tienda, el polifacético **Hansik Space E:eum** acoge exposiciones sobre gastronomía coreana *(hansik)* e imparte clases de cocina.

Comparte espacio con la **Sool Gallery,** que promueve los destilados coreanos, desde bebidas de graduación baja (como el *makgeolli,* o vino de arroz fermentado) hasta vinos de fruta. Ofrecen catas gratuitas de cinco licores y venden botellas de pequeños productores del país.

Recorrer la antigua residencia y oficina presidencial EDIFICIO HISTÓRICO

PLANO: 27 P. 34 C1

Cuando la oficina y residencia del presidente del país se trasladó a Yongsan en el 2022, **Cheong Wa Dae,** el antiguo complejo presidencial al pie del Bukaksan, abrió al público. Conocida como la Casa Azul por las 150 000 tejas azules de la cubierta del edificio principal, recibe visitantes que acuden atraídos por sus hermosos jardines y por edificios que estaban prohibidos, como la antigua Residencia Presidencial. Los extranjeros entran gratis mostrando el pasaporte.

Subir al Bukaksan SENDERISMO

PLANO: 28 P. 34 B1

Durante más de medio siglo estuvo prohibido el acceso a varios senderos que llevaban a lo alto del Bukaksan, a fin de proteger el complejo presidencial de Cheong Wa Dae. Ahora que el edificio ha dejado de usarse como tal, todos los caminos que suben a la cima del más alto de los cuatro montes guardianes de Seúl (342 m) pueden transitarse libremente.

En pleno Bukaksan hay un espectacular tramo de 2,5 km de la muralla que asciende desde la **Changuimun** (PLANO: 29 P. 34 B1), la antigua puerta secundaria de Buam-dong. El camino remonta el pico sobre Cheong Wa Dae hasta el **Centro de Información de Malbawi** (PLANO: 30 P. 34 E1), cerca de **Sukjeongmun,** (PLANO: 31 P. 34 E1), la puerta principal norte, a la que también se llega desde parque Samcheong. El propósito original de la muralla se palpa especialmente en los tramos que todavía conservan vallas con alambre de espino y puestos de vigía como vestigio del antiguo carácter defensivo de este monte.

Las rutas de senderismo están bien señalizadas. En el **centro de senderismo turístico de Seúl** (PLANO: 32 P. 34 E2), en Samcheong-ro, alquilan equipo y facilitan prácticos mapas gratuitos, además de la *Seoul Hiking Guide Book.*

Escuchar música tradicional coreana MÚSICA

Las canciones populares entonadas por agricultores, pescadores y madres a sus hijos están recopiladas en el **Museo de Música Folclórica Coreana de Seúl** (PLANO: 33 P. 34 F3). El moderno edificio de estilo *hanok* es un agradable espacio donde pasar 1 h escuchando grabaciones de canciones cantadas tradicionalmente en el trabajo, al jugar o durante ceremonias, y de paso aprender acerca del papel de la música en la vida de los coreanos.

Enfrente está el **Teatro Tradicional Donhwamun de Seúl** (PLANO: 34 P. 34 G3), un auditorio con aforo para 140 espectadores que acoge actuaciones en directo (gratis en ocasiones) y cuya programación de música clásica coreana incluye *pansori,* una forma de arte dramático musical interpretado por un cantante y un tamborilero.

SUGERENCIAS

Lo mejor para...

Ⓦ Económico ⓌⓌ Medio ⓌⓌⓌ Alto

Localizaciones en el plano de la **p. 34**

Comer

Vegetariana y vegana

A Flower Blossom on Rice ⓌⓌⓌ
35 E4
Refinado restaurante del callejón Insa-dong, en esencia vegetariano, que solo emplea los ingredientes ecológicos más frescos. *11.30-15.00 y 17.30-21.00*

Balwoo Gongyang ⓌⓌⓌ
36 E4
Premiado con una estrella Michelin, agrada con cocina de templo, incluidas delicadas ensaladas, empanadillas y varios tipos de *kimchi*. *11.30-15.00 y 18.00-19.30*

Coreana clásica y moderna

An-Am ⓌⓌ
37 E3
Su sabrosa *gukpab* (sopa de cerdo y arroz) lleva un toque de chile, aceite de col rizada y cilantro fresco. *11.30-21.00 ma-do*

Chosun Gimbap Ⓦ
38 E3
Rollos de arroz envueltos en algas y rellenos de tubérculos coreanos. *11.00-14.30 y 15.30-20.00*

Onjium ⓌⓌⓌ
39 B2
Alta cocina contemporánea en un sofisticado restaurante con cocina abierta y vistas del Gyeongbokgung. *12.00-15.00 y 18.00-22.00 ma-vi*

Tosokchon ⓌⓌ
40 B3
Goza de fama por su *samgyetang* (sopa de pollo con *ginseng*); pruébese la de pollo negro. *10.00-22.00*

China y japonesa

Soma ⓌⓌ
41 F4
Deliciosas versiones de clásicos chinos, como *cheung fun* (rollitos de fideos de arroz) y pollo *kang pao*. *17.00-22.00 ma-do*

Ogawa ⓌⓌⓌ
42 C5
Sushi y *sashimi* de primera en el sótano del edificio Royal. Se impone reservar. *12.00-14.00 y 18.00-22.00 lu-vi*

Panaderías-cafetería

Dottori Garden Ⓦ
43 F3
Coqueto establecimiento que sirve magdalenas con forma de bellota, cuencos de cremoso yogur y ricos *brunches*. *8.00-23.00*

Cafe Layered Bukchon Ⓦ
44 F3
Cualquiera se rinde a las tartas, bollos y demás dulces de estilo inglés que dominan este adorable café. *10.00-22.00*

Empanadillas

Chang Hwa Dang ⓌⓌ
45 F5
Restaurante retro especializado en empanadillas fritas con *tteokbokki* (pasteles de arroz en salsa picante dulce). *11.30-21.00*

Koong ⓌⓌ
46 E4
Sirve empanadillas de estilo Kaesong en una sabrosa sopa, acompañadas de tortitas de cebolleta. *11.30-21.00*

Beber

Té

Dawon
47 E4
Para tomar té en una *hanok* o en un pabellón ajardinado. Pruébese el *omijacha hwachae* (ponche de frutas y bayas). *10.00-22.00*

Tea Therapy
48 E3
Tés e infusiones de hierbas. En verano colocan pediluvios a la entrada. *10.00-21.00*

Café

Cafe Cordialement
49 D3
Moderno café en una *hanok* con un toque chic europeo, perfecto para tomar un *mocaccino* con un bocadillo de *jambon beurre*. *10.00-21.00*

Cheongsudang
50 F4
Café de moda que destaca por sus bizcochos castella y tartas de queso. *10.30-21.00*

Coctelerías

Cobbler
51 B4
Sofisticado bar oculto en una *hanok* de una solitaria calleja. Las consumiciones se acompañan de un trozo de tarta crujiente. *19.00-3.00 lu-sa*

Shortbus
52 G5
Acogedor bar de ambiente en Ikseon-dong, que sirve gran variedad de cócteles. *19.30-5.00*

Cerveza

Art Monster
53 G5
En una *hanok* de Ikseon-dong, esta galardonada microcervecera deleita con creaciones artesanas acompañadas de *pizza* y pollo frito. *15.00-24.00*

Seoul Gypsy
54 G4
Evocadora cervecería artesana con 10 variedades de barril (negra, pilsner, blanca belga, rubia...) que sentarán de maravilla con su pasta con *ragú* especiado. *16.00-23.00 ma-do*

Comprar

Libros

Kyobo Bookshop
55 D5
Amplia selección de libros y revistas en inglés, artículos de papelería, electrónica, CD y DVD. *9.30-22.00*

Seoul Selection
56 D4
Editorial local con un completo catálogo de libros de referencia y pictóricos sobre cultura coreana. *9.30-18.30 lu-vi*

Arte y artesanía

Kukjae Embroidery
57 E4
Exquisitas piezas de bordado tradicional, incluidos bolsos, almohadas y telas *pojagi* (utilizadas para envolver regalos o como decoración). *10.00-20.30*

KCDF Gallery
58 E4
La galería de la Fundación de Artesanía y Diseño Coreanos ofrece excelentes artículos, como trabajos en madera, cerámica y joyería. *10.00-20.30*

Moda

Dolsilnai
59 E4
Bonitos *hanboks* de diseño informal, confeccionados con tejidos naturales en una variedad de tonos ocres y pastel. *10.00-20.00*

Guiroe
60 G4
Los elegantes *hanboks* contemporáneos del parque Seonock se han exhibido en el V&A Museum de Londres.

Sugerencias de lugares para comer, beber y comprar en **p. 71**

Explora

Myeong-dong, Euljiro y Namsan

Las calles de Myeong-dong, siempre abarrotadas, son un incesante carnaval. Myeong significa "luz", muy apropiado para una zona donde el trajín comercial de Seúl alcanza su apogeo. Es obligado perderse en el gran mercado de Namdaemun y, más al este, en Euljiro, explorar de día sus imprentas y tiendas de iluminación, y sus modernos cafés y bares de noche. Para descansar del bullicio se puede recorrer el elevado paseo ajardinado Seoullo 7017 o la ribera del Cheong-gye-cheon. No menos relajante resulta el recinto del Deoksugung. Y de dominarlo todo se ocupa el Namsan, con parques, rutas de senderismo y la acicalada muralla de Seúl.

Cómo desplazarse

A pie

Los puntos de interés no distan mucho entre sí y se suele llegar antes a ellos caminando, pedaleando o en autobús. Una forma muy agradable de ir es siguiendo el corredor peatonal del Cheong-gye-cheon o el paseo en altura Seoullo 7017.

Metro

La línea 4 une la estación de Seúl con Hoehyeon (para el mercado de Namdaemun), Myeongdong y Chungmuro (para el pueblo de *hanok* de Namsangol). La estación de Seúl es también una parada de la línea A'REX (Airport Express), tanto desde el aeropuerto de Incheon como del de Gimpo.

Euljiro (p. 70).

SIMON RICHMOND/LONELY PLANET ©

LO MEJOR

Disfrutar de las panorámicas del **NAMSAN** (p. 60).

Pasear de noche entre los edificios iluminados de **DEOKSUGUNG** (p. 62).

Ir de compras al **MERCADO DE NAMDAEMUN** (p. 64).

Relajarse junto al **CHEONG-GYE-CHEON** (p. 67).

Tomar crujientes tortitas en el **MERCADO DE GWANGJANG** (p. 65).

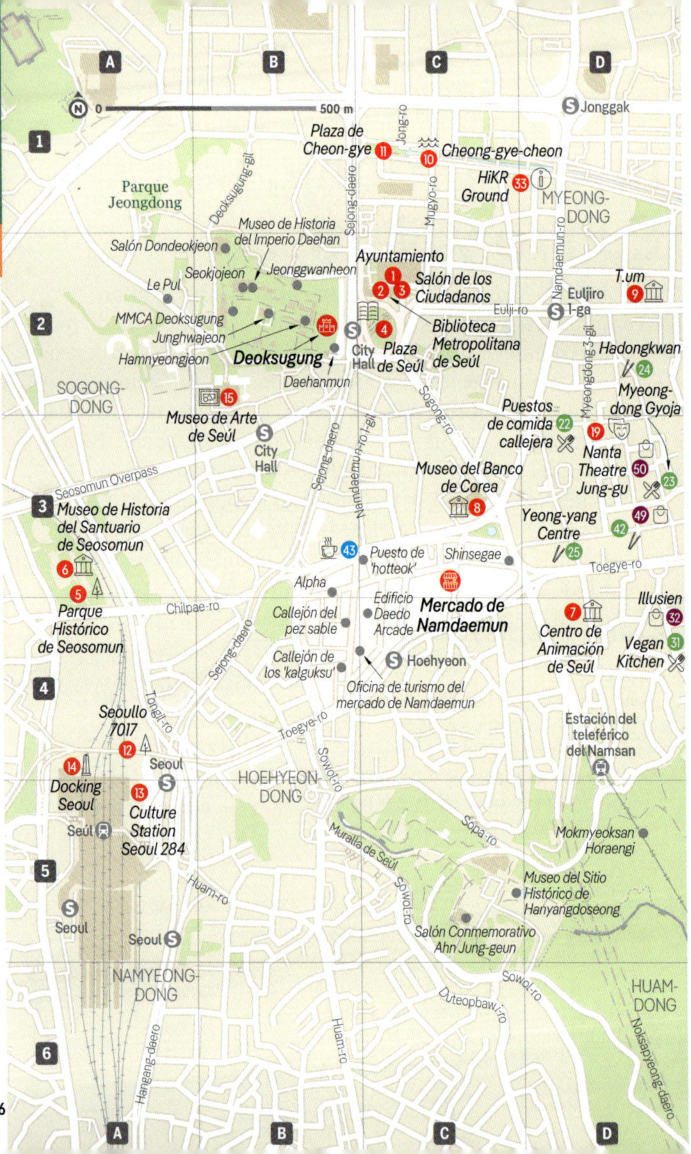
A
B
C
D
0 500 m
S Jonggak
1
Plaza de Cheon-gye 11
Jong-ro
10 Cheong-gye-cheon
HiKR Ground 33
MYEONG-DONG
Parque Jeongdong
Deoksugung-gil
Sejong-daero
Mugyo-ro
Museo de Historia del Imperio Daehan
Salón Dondeokjeon
Ayuntamiento
Seokjojeon
Jeonggwanheon
Salón de los Ciudadanos
Le Pul
T.um 9
Namdaemun-ro
Euljiro 1-ga
Eulji-ro
2
MMCA Deoksugung
Biblioteca Metropolitana de Seúl
Junghwajeon
Hamnyeongjeon
Deoksugung
City Hall
Plaza de Seúl
Hadongkwan 24
Daehanmun
SOGONG-DONG
Myeongdong 3-gil
Myeong-dong Gyoja
Sogong-ro
15
Museo de Arte de Seúl
Puestos de comida callejera 22
19
Nanta Theatre Jung-gu 50
23
Museo del Banco de Corea 8
Seosomun Overpass
3
Museo de Historia del Santuario de Seosomun
Namdaemun-ro 1-gil
Yeong-yang Centre 25
49
42
6
43
Puesto de 'hotteok'
Shinsegae
Toegye-ro
Alpha
5
Parque Histórico de Seosomun
Chilpae-ro
Callejón del pez sable
Edificio Daedo Arcade
Mercado de Namdaemun
7
Centro de Animación de Seúl
Illusien 32
Vegan Kitchen 31
Callejón de los 'kalguksu'
Hoehyeon
Oficina de turismo del mercado de Namdaemun
4
Seoullo 7017 12
Tongil-ro
Toegye-ro
Estación del teleférico del Namsan
14
Docking Seoul
Seoul
13
Culture Station Seoul 284
Sowol-ro
HOEHYEON-DONG
Seúl
Muralla de Seúl
Sopa-ro
Mokmyeoksan Horaengi
5
Huam-ro
Sowol-ro
Museo del Sitio Histórico de Hanyangdoseong
Seoul
Seoul
Salón Conmemorativo Ahn Jung-geun
NAMYEONG-DONG
Sowol-ro
Duteopbawi-ro
HUAM-DONG
Huam-ro
6
Hangang-daero
Noksapyeong-daero

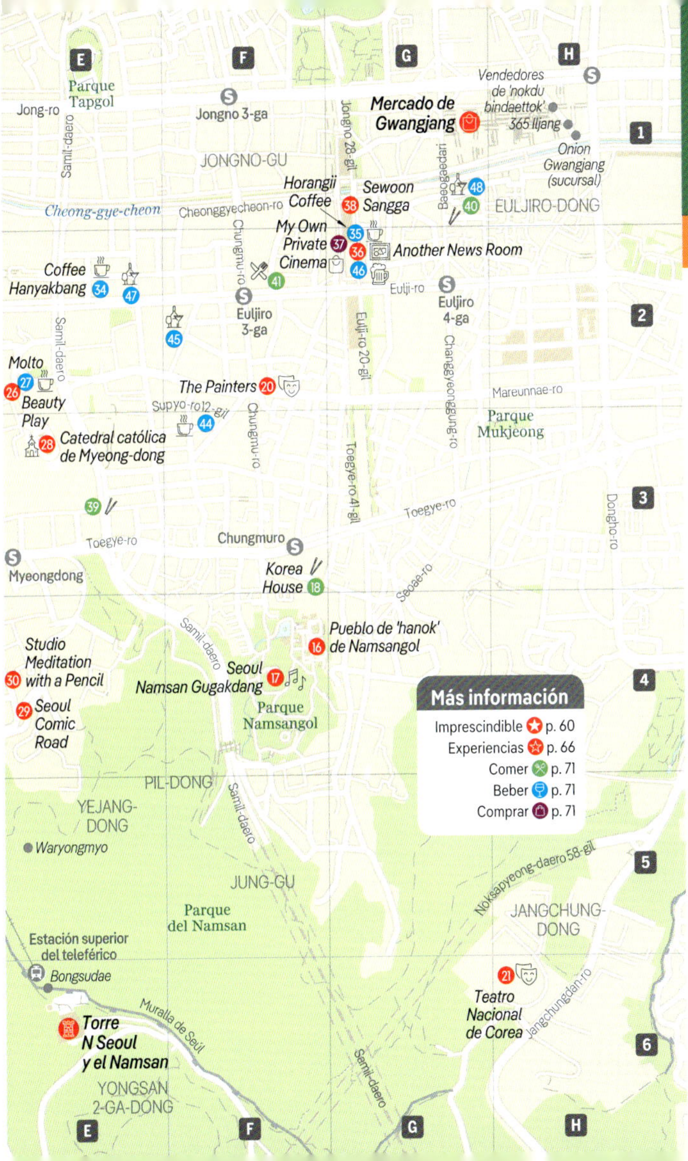
E
F
G
H
1
2
3
4
5
6
Parque Tapgol
Jong-ro
Samil-daero
Jongno 3-ga
JONGNO-GU
Jongno 28-gil
Mercado de Gwangjang
Vendedores de 'nokdu bindaettok'
365 Iljang
Onion Gwangjang (sucursal)
Baeogaedari
48
40
EULJIRO-DONG
Cheong-gye-cheon
Cheonggyecheon-ro
Horangii Coffee
38
Sewoon Sangga
My Own Private Cinema
37
35
36
46
Another News Room
Chungmu-ro
41
Coffee Hanyakbang
34
47
Eulji-ro
Euljiro 4-ga
Euljiro 3-ga
45
Eulji-ro 20-gil
Changgyeonggung-ro
Molto
27
26
Beauty Play
The Painters
20
Supyo-ro12-gil
44
Mareunnae-ro
Parque Mukjeong
Catedral católica de Myeong-dong
28
Toegye-ro 41-gil
39
Toegye-ro
Dongho-ro
Chungmuro
Myeongdong
Korea House
18
Seoae-ro
Pueblo de 'hanok' de Namsangol
16
Studio Meditation with a Pencil
30
Seoul Namsan Gugakdang
17
Seoul Comic Road
29
Parque Namsangol
Más información
Imprescindible p. 60
Experiencias p. 66
Comer p. 71
Beber p. 71
Comprar p. 71
PIL-DONG
YEJANG-DONG
Waryongmyo
JUNG-GU
Noksapyeong-daero 58-gil
JANGCHUNG-DONG
Parque del Namsan
Estación superior del teleférico
Bongsudae
21
Teatro Nacional de Corea
Jangchungdan-ro
Muralla de Seúl
Torre N Seoul y el Namsan
YONGSAN 2-GA-DONG
Samil-daero

CIRCUITO A PIE

Disfrutar las vistas desde el Namsan

Saliendo de la histórica puerta de la ciudad, se pasa por el bullicioso mercado de Namdaemun, recalando en un par de modernos cafés y una galería de arte: es la ruta más urbanizada de ascenso al Namsan, en el centro urbano. El parque del Namsan luce precioso con los tonos de la primavera y el otoño.

INICIO	FINAL	DURACIÓN
Sungnyemun	Teleférico del Namsan	5,5 km; 3 h

1 Antigua puerta de la ciudad

Llegando a **Sungnyemun** a las 10.00 se verá la ceremonia de apertura con los guardias ataviados al modo tradicional. En el período Joseon se despedía aquí a los mensajeros del rey que se dirigían a China y a las tropas que iban a la guerra.

2 Corredor verde peatonal

Es de admirar la fronda del **Seoullo 7017** (p. 67), una pasarela tendida sobre una antigua autopista elevada con bonitas vistas del entorno.

3 Parada en un mercado

Una buena opción para picar son los puestos callejeros que se agrupan junto a la puerta 5 del **mercado de Namdaemun** (p. 64), y los del callejón de los *kalguksu,* si apetece algo más sustancioso.

4 Complejo cultural

Las angostas calles de Hoehyeon-dong deparan interesantes *boutiques* y modernos bares y cafés. El complejo cultural **Piknic** cuenta con salas de exposiciones, un jardín en la azotea, un fastuoso café con arañas de luces, una exclusiva tienda de objetos de diseño y el restaurante **Gigas** (₩₩₩; *12.00-15.00 mi-sa y 18.30-22.00 ma-vi),* con una estrella Michelin.

5 Arte y arquitectura

En un edificio del arquitecto japonés Kengo Kuma, la **White Stone Gallery** se especializa en artistas asiáticos contemporáneos y emergentes, como Yayoi Kusama y Lee Ufan, entre otros. El jardín de la azotea lo rematan coloridas esculturas de aves de Florentijn Hofman.

6 Un café con vistas

Comfort, en un edificio de varias plantas sobre la ladera del Namsan, incluye una tienda de fragancias y moda urbana, además de una galería y un formidable café con unas vistas inigualables de los tejados, especializado en *latte* con trocitos de *toffee.*

7 Conmovedor monumento

Frente al Museo del Sitio Histórico de Hanyangdoseong (p. 60) se encuentra el emotivo **monumento a las Mujeres de Consuelo,** dedicado a las mujeres de más de 13 países de Asia de las que abusaron sexualmente tropas japonesas de 1931 a 1945.

8 Teleférico del Namsan

Si no apetece subir a pie al monte (30 min), se puede recurrir al **teleférico.** A la estación de metro de Myeongdong se regresa por Seoul Comic Road (p. 69).

★ IMPRESCINDIBLE

Torre N Seoul y el Namsan

Las vistas son espectaculares desde lo alto del Namsan, uno de los cuatro montes que custodian la capital y donde antiguamente se realizaban rituales chamánicos. Su boscoso parque de 109 Ha lo corona la torre N Seoul (236 m) y hay rutas de senderismo que discurren junto a tramos de la muralla.

PLANO: P. 56 **E6**

CONSEJO
El **teleférico del Namsan** funciona cada 10 min de 10.00 a 23.00; desde la salida 1 de la estación de metro de Myeongdong hay un autobús de enlace gratuito.

Escanea este código QR para precios, horarios y demás.

Rutas a pie

La **circunvalación norte del Namsan** es un sendero de 3,4 km que va de la estación inferior del teleférico al Teatro Nacional (p. 69). Por el camino se halla el **Waryongmyo**, un santuario budista/taoísta/chamánico construido en 1862 en honor al general y estadista chino Zhuge Liang (181-234 d.C.).

Del Teatro Nacional parte la **ruta del Bosque** (910 m), la más natural de las que surcan el Namsan, que enlaza con la **ruta de las Flores silvestres** (880 m) antes de culminar en el **jardín botánico del Namsan.** Para trazar un bucle se sigue por la **ruta Natural Ecológica** (1,6 km), que atraviesa un pinar, y luego por la **ruta de Historia y Cultura** (640 m), que recala junto a las principales escaleras hasta la cima.

Muralla de Seúl

Tramos restaurados de la muralla serpentean por el Namsan. En el **Museo del Sitio Histórico de Hanyangdoseong,** en el flanco oeste, se conservan las ruinas de una fortaleza del s. XIV y se aprecia cómo fueron cambiando con el tiempo los métodos de construcción.

Cerca se ubica el **Salón Conmemorativo Ahn Jung-geun,** un asombroso edificio contemporáneo en recuerdo a esta activista partidaria de la independencia coreana, que fue ejecutada en represalia

F.MALIKI/SHUTTERSTOCK ©

por asesinar en 1909 a Ito Hirobumi, gobernador general japonés de Corea, en la estación de Harbin, en la Manchuria controlada por Japón.

En la cima

El **'bongsudae'** es una réplica de 1993 de una de las 673 estructuras de piedra diseminadas por Corea, utilizadas durante la dinastía Joseon para hacer llegar al gobierno información urgente política o militar.

El centro geográfico de Seúl es la torre N Seoul (arriba), visible en kilómetros a la redonda y con amplias vistas de la ciudad desde la plataforma de observación. Su iluminación nocturna sirve para indicar el nivel de contaminación de la ciudad. Hay muchos lugares para comer o tomar algo en la torre y sus alrededores, y en la cima se verán barandillas repletas de candados colocados por enamorados.

UNA PAUSA
Sale muy a cuenta el delicioso *bibimbap* del restaurante autoservicio **Mokmyeoksan Horaengi** *(W; 10.30-19.30).*

★ IMPRESCINDIBLE

Deoksugung

Uno de los cinco palacios principales de Seúl, ofrece una mezcla de arquitectura tradicional coreana y estilo neoclásico occidental. Su recinto abre hasta las 20.00, cuando iluminan sus edificios, e incluye una sede del MMCA (Museo Nacional de Arte Moderno y Contemporáneo).

PLANO: P. 56 **B2**

CONSEJO
El cambio de guardia -realizado por centinelas con trajes tradicionales del período Joseon- tiene lugar en la puerta principal, la Daehanmun *(11.00, 14.00 y 15.30, ma-do).*

Escanea este código QR para precios, horarios y demás.

Historia

El Deoksugung (palacio de la Virtuosa Longevidad) empezó siendo la residencia del rey Seonjo, en 1592, después de que los invasores nipones destruyeran los otros palacios de Seúl. A partir de 1615 pasó a un segundo plano hasta que, en 1897, el rey Gojong lo ocupó para estar cerca de las legaciones extranjeras. Fue aquí donde Gojong reemplazó el reino dinástico de Joseon por el imperio de Corea. Y pese a ser obligado por los japoneses a abdicar en 1907, el monarca residió en el palacio hasta su muerte, en 1919.

Dominio del rey

Gojong pasaba audiencia en el **Junghwajeon,** el ornamentado salón del trono. Al sur está el **Hamnyeongjeon,** sus aposentos privados, y detrás, el **Jeonggwanheon,** un pabellón diseñado por el arquitecto ruso Aleksey Seredin-Sabatin para que el emperador tomara café y agasajara a sus invitados, dado que se aficionó a esta bebida durante su año de estancia en el consulado ruso tras el asesinato de la reina Min; los pilares, barandillas y pasamanos están decorados con ciervos y murciélagos, criaturas auspiciosas.

SIMON RICHMOND/LONELY PLANET ©

Edificios de estilo occidental

El **Seokjojeon** (arriba) es un palacio de estilo neoclásico firmado en 1910 por el arquitecto británico G. R. Harding, que alberga el **Museo de Historia del Imperio Daehan.** Puede visitarse con un circuito guiado de 45 min que conviene reservar en línea; salen cada 30 min hasta las 17.00. Las salas más notables se han restaurado conforme a su aspecto en tiempos de Gojong. Es obligado asomarse al balcón que da al ala oeste y a la terraza formal.

En el ala oeste, obra de un arquitecto japonés de 1938, se aloja el **MMCA Deoksugung,** de arte contemporáneo; y en la esquina noroeste, el **salón Dondeokjeon,** donde una proyección de videoarte evoca escenas palaciegas de principios del s. xx.

UNA PAUSA

Fuera, a la izquierda de la puerta principal de Deoksugung, la muralla sur del palacio conduce al agradable café **Le Pul** *(Ⓦ; 11.00-20.00).*

★ IMPRESCINDIBLE

Mercado de Namdaemun

En este desparramado mercado hay de todo, desde alimentos y flores hasta gafas y equipo fotográfico. Apunta a mayoristas, de modo que interesa regatear. Además de tener artículos a precio de ganga, es genial para comer rico y barato.

PLANO: P. 56 **C3**

CONSEJO
Casi todos los comercios cierran en domingo. Para comer en el mercado hay que ir antes de las 20.00, cuando cierra la mayoría de los puestos.

Escanea este código QR para horarios y demás.

Secciones

La **oficina de turismo del mercado,** en el pasillo principal, cerca de la puerta 5, facilita planos. Al lado se encontrarán artículos como gafas, recuerdos y ropa, mientras que en el **edificio Daedo Arcade** priman los objetos artesanos y los útiles de cocina tradicionales. Las tiendas fotográficas se arremolinan por la puerta 1, a un paso de la mastodóntica **Alpha,** con artículos de arte y papelería.

Galerías de alimentación

Los puestos de fideos manufacturados *kalguksu* se localizan en el **callejón de los 'kalguksu',** mientras que el **callejón del pez sable** se especializa en caballa a la parrilla y cazuelas de *galchi* (pez sable); abren de 6.00 a 20.00. El **puesto** más famoso de *hotteok* (tortitas fritas) queda junto a la puerta; además de la variedad clásica de azúcar y frutos secos, las preparan de verduras. Cerca de la puerta 5 hay un puesto de *hotteok con* gorgonzola.

Aledaños del mercado

Frente a la puerta 1 está la gran **Sungnyemun,** la más antigua de las puertas de la muralla que se conservan. Las ceremonias de apertura y clausura tienen lugar a las 10.00 y 15.30, respectivamente. Los elegantes grandes almacenes **Shinsegae** están en la esquina oriental del mercado; son muy recomendables tanto su supermercado y zona de restauración (en el sótano) como el jardín de la azotea.

★ IMPRESCINDIBLE

Mercado de Gwangjang

Este mercado techado se jacta de tener el mejor *meokjagolmok* (callejón gastronómico) de la capital, donde se apiñan unos 200 vendedores de comida callejera, *kimchi* y demás alimentos, junto a puestos de tejidos, *hanboks* (trajes tradicionales) y ropa de cama. En las plantas superiores hay artículos *vintage* y ropa de segunda mano.

Qué comer

El bocado más famoso de Gwangjang son las doradas y crujientes *nokdu bindaetteok* (tortitas fritas de alubia *mungo*) que preparan los **puestos** del cruce de las galerías del extremo este. Se pueden pedir para llevar o comerlas en los banquitos que hay junto a los puestos.

La amplia oferta culinaria incluye *mandu* (empanadillas), fideos *kalguksu, jokbal* (manitas de cerdo asadas) y *gimbap* (rollitos de arroz envueltos en algas). También hay puestos de tartar de ternera.

Conviene buscar los puestos de zumos y el moderno café **Onion** *(11.00-19.00),* con deliciosos *lattes* y tartas de hojaldre.

Telas, ropa y recuerdos

La otra especialidad de Gwangjang son los tejidos, que se venden por metros o confeccionados (*hanboks,* ropa de cama...). Escaleras arriba hay puestos de ropa de segunda mano con todo tipo de prendas, desde camisas de franela, sudaderas y chaquetas militares hasta piezas *vintage* y de moda de diseño.

365 Iljang, cerca de la puerta sur 1, vende curiosos recuerdos, como postales artísticas, monederos estampados, y cerveza artesana y licores locales.

PLANO: P. 56 **G1**

CONSEJO

No lejos de la puerta norte 1 suele haber "ángeles rojos" (guías de la oficina de turismo de Seúl) que ofrecen indicaciones y planos del mercado.

Escanea este código QR para horarios y demás.

EXPERIENCIAS

Contemplar el muro verde del ayuntamiento ARQUITECTURA

PLANO: 1 P. 56 C2

El colosal edificio de cristal en forma de tsunami del ayuntamiento de Seúl se cierne sobre su antigua sede de construcción japonesa, hoy ocupada por la **Biblioteca Metropolitana de Seúl** (PLANO: 2 P. 56 C2). En el vestíbulo se aprecia un jardín vertical de siete pisos y, al lado, la estructura de globos blancos de 24 m que conforma la instalación artística de Jeon Sucheon *Metaseosa Seobeol*.

En el sótano está el **Salón de los Ciudadanos** (PLANO: 3 P. 56 C2), un espacio polivalente que, entre otros atractivos, cuenta con la **sala de exposiciones con reliquias de Gungisi,** que contiene un yacimiento arqueológico de la época Joseon hallado durante las obras del nuevo ayuntamiento.

Vale la pena entrar al antiguo ayuntamiento para echar un vistazo a la que fuera la oficina del regidor mayor y a una exposición sobre la historia reciente de Seúl. Enfrente se halla la **plaza de Seúl** (PLANO: 4 P. 56 C2), cubierta de césped, que suele acoger eventos y, de diciembre a febrero, se convierte en una pista de patinaje sobre hielo.

LO MEJOR PARA NIÑOS

Centro de Animación de Seúl

PLANO: 7 P. 56 D4

A los peques les encantarán los personajes de dibujos animados coreanos de su zona de juegos, y a los adolescentes, su librería llena de cómics, novelas gráficas y libros de animación.

Museo del Banco de Corea

PLANO: 8 P. 56 C3

Muy didáctico, con exposiciones interactivas sobre acuñación de monedas, identificación de billetes falsos y grandes sacos de monedas en la cámara acorazada.

T.um

PLANO: 9 P. 56 D2

La misión en esta experiencia inmersiva en la sede de SK Telecom consiste en salvar el planeta de la colisión de un asteroide valiéndose de auriculares de realidad virtual. Se aconseja reservar.

Arte por los mártires católicos MUSEO

Seosomun, el emplazamiento de una antigua puerta de la muralla, fue un mercado y, durante la dinastía Joseon, el lugar de las ejecuciones públicas. En el s. XIX se represalió aquí a muchos católicos por sus creencias. El **Parque Histórico de Seosomun** (PLANO: 5 P. 56 A3) y el **Museo de Historia del Santuario de Seosomun** (PLANO: 6 P. 56 A3) se funden en un complejo que conmemora a los mártires. En el parque se hallan el Ttukke Umul (pozo del verdugo), donde el verdugo lavaba su espada; la obra *Crónicas de Seosomun*, de Jo Wan-hul; y *Cristo indigente*, una escultura de un vagabundo durmiendo en un banco.

Una rampa desciende hacia el museo subterráneo, que alberga la **capilla de San Chong Ha-sand,** a la que se accede por una bella puerta de bronce. No hay que perderse la obra de videoarte proyectada en las paredes de la **Sala de la Consolación,** ni la **plaza del Cielo,** dominada por *Gente de pie:* 44 estatuas de mártires realizadas por Jeong Hyun con viejas traviesas ferroviarias.

Caminar a la vera del Cheong-gye-cheon PASEO

PLANO: 10 P. 56 **C1**

El Cheong-gye-cheon, un arroyo regenerado de 10,9 km de largo, ofrece un paseo peatonal inferior con pasarelas ajardinadas y zonas para descansar y gozar del rumor del agua y el regreso de la fauna a la ciudad. Terraplenes y alrededores lucen obras de arte público, como la gigantesca concha rosa y azul *Primavera*, en la **plaza del Cheong-gye** (PLANO: 11 P. 56 **C1**).

Entre los puentes de Gwang-gyo y Jangton-gyo hay un mural de 192 m con escenas del Banchado (procesión encabezada por el rey Jeongjo). Tras cruzar Dongdaemun, se llega al Museo del Cheong-gye-cheon (p. 137).

Admirar los jardines del Seoullo 7017 PARQUE

PLANO: 12 P. 56 **A4**

Otro proyecto de regeneración urbana es el Seoullo 7017, una autopista elevada de la década de 1970 que se ha transformado en un imaginativo parque de casi 1 km de largo, cuajado de árboles, arbustos, césped y flores en macetas circulares de cemento, algunas pintadas con arte callejero.

Con inicio en Toegye-ro (junto a la puerta 5 del mercado de Namdaemun), el paso elevado, de 17 m de altura, ofrece vistas de la arquitectura circundante y de los trenes que entran y salen de la estación de Seúl, que cuenta con un acceso al centro del paseo.

El arte de la estación de Seúl ARTE

Culture Station Seoul 284 (PLANO: 13 P. 56 **A5**), otrora la estación central de trenes, en un soberbio edificio de 1925, ha sido restaurada y reconvertida en un espacio para exposiciones y eventos gratuitos.

Desde el Seoullo 7017 se accede al **Docking Seoul** (PLANO: 14 P. 56 **A4**), un proyecto que ha aprovechado la antigua rampa en espiral de un aparcamiento para exhibir arte público e instalaciones como *El color de mi universo*, de Park Jiyoun, cuyas esbeltas columnas metálicas reflejan mil colores sobre los muros de hormigón.

Recorrer el Museo de Arte de Seúl

ARTE

PLANO: 15 P. 56 **B2**

En la antigua sede del Tribunal Supremo (1928), frente a un parque escultórico, la sucursal principal del Museo de Arte de Seúl (SeMA) muestra exposiciones gratuitas, en su mayoría temporales y centradas en la obra de los mejores creativos del país.

Entre otras sucursales del SeMA repartidas por la ciudad se incluyen la de la casa de Nam June Paik (p. 139), cerca de Dongdaemun; y el **Centro de Arte Fotográfico,** en el barrio de Dobong-gu, al norte.

EL MEJOR TEATRO

El panorama teatral y de artes escénicas local ofrece varios espectáculos que no requieren saber coreano.

Nanta Theatre Jung-gu

PLANO: 19 P. 56 **D3**

Divertidísimo espectáculo que combina trucos de magia, folclore, percusión, utensilios de cocina, comedia, danza, artes marciales y la participación del público.

The Painters

PLANO: 20 P. 56 **F2**

Seis talentosos artistas con aspecto de cantantes de K-Pop crean arte en directo en un espectáculo que incluye coreografías de danza urbana.

Teatro Nacional de Corea

PLANO: 21 P. 56 **H6**

Sede de la Orquesta Filarmónica de Seúl y de las compañías nacionales de teatro, *changgeuk* (ópera coreana) y danza.

Visitar el pueblo de 'hanok' de Namsangol

CENTRO CULTURAL

PLANO: 16 P. 56 **F4**

Un sitio genial para aprender más acerca de la cultura tradicional coreana es este asentamiento de *hanok* con cinco casas de madera *yangban* (de clase alta) del período Joseon, traídas de distintos puntos de Seúl a este complejo al pie del Namsan.

Puede verse por libre o en un circuito guiado gratuito de 1 h en inglés *(12.00 ju-do, 14.00 ma, mi sa y do)*. Los fines de semana de abril a octubre también hay programas culturales en los que se puede vestir un *hanbok*, realizar caligrafía o fabricar *hanji* (papel tradicional), entre otras cosas; resérvese a través de hanokmaeul.or.kr.

El complejo incluye el **Seoul Namsan Gugakdang** (PLANO: 17 P. 56 **F4**), un auditorio subterráneo de música tradicional para 300 espectadores.

Una cena con espectáculo en la Korea House

ARTES ESCÉNICAS

PLANO: 18 P. 56 **F3**

Este restaurante y centro cultural *(cerrado do)* sirve banquetes de estilo palaciego en una opulenta *hanok*, además de ofrecer, en su íntimo teatro, espectáculos musicales y de baile, incluidas danzas cortesanas, *pansori* (cantos épicos) y *samgomu* (bailarinas percusionistas). Tiene una tienda de artículos de diseño y artesanía.

Saborear las propuestas culinarias de Myeong-dong COMIDA CALLEJERA

Las siempre animadas calles de Myeong-dong registran mayor trajín de noche, cuando los **puestos de comida** (PLANO: 22 P. 56 **D3**) se llenan de clientes que acuden atraídos por sus exquisiteces para llevar (brochetas de carne a la parrilla, colas de langosta con queso, tortillas de *ramen,* frutas envueltas en *mochi*...).

Si se prefiere comer en una mesa, hay varios restaurantes consolidados, como el galardonado **Myeong-dong Gyoja** (PLANO: 23 P. 56 **D3**), especializado en fideos *kalguksu* desde 1966; **Hadongkwan** (PLANO: 24 P. 56 **D2**), famoso desde 1939 por su *gomtang* (sopa de huesos de ternera); o **Yeong-yang Centre** (PLANO: 25 P. 56 **D3**), que lleva triunfando desde 1960 con su suculento *tongdak* (pollo asado) y *samgyetang* (pollo relleno de *ginseng* y arroz en sopa).

Renovar el armario en Myeong-dong DE COMPRAS

Myeong-dong es el sitio perfecto para adoptar un nuevo *look:* no faltan cadenas de moda locales, como **SPAO** y **8Seconds,** y *boutiques* como su;py (p. 71), ni tampoco las marcas internacionales de rigor. También hay sucursales de referentes locales de belleza, como **Olive Young, Nature Republic** e **Innisfree.**

En **Beauty Play** (PLANO: 26 P. 56 **E2**) se pueden probar productos de belleza de pequeños fabricantes y realizar consultas. Cerca queda **Molto** (PLANO: 27 P. 56 **E2**), un café de estética italiana cuya terraza al aire libre regala vistas de la **catedral católica de Myeong-dong** (PLANO: 28 P. 56 **E3**).

Ver los murales de Seoul Comic Road ARTE CALLEJERO

PLANO: 29 P. 56 **E4**

A un corto paseo del Centro de Animación de Seúl (p. 66) está Seoul Comic Road, que une el teleférico del Namsan con la estación de metro de Myeongdong. Esta zona, también conocida como Zaemiro, está repleta de empresas del mundo de la animación y los *manhwa* (cómics). De alegrar sus calles se encargan las enormes obras de arte urbano de Grafflex y, por si fuera poco, hay estatuas de personajes y más murales que descubrir. Destaca el encantador *showroom* de **Studio Meditation with a Pencil** (PLANO: 30 P. 56 **E4**), una empresa de animación de ambiente similar a Studio Ghibli. Son dignas de verse también las célebres **Vegan Kitchen** (PLANO: 31 P. 56 **D4**) e **Illusien** (PLANO: 32 P. 56 **D4**), llena de coloridos objetos de diseño.

EVOLUCIÓN DE SEWOON PLAZA

El **Sewoon Sangga** (PLANO: 38 P. 56 G1) es más que un mero edificio de estilo brutalista dispuesto a lo largo de cuatro manzanas en Euljiro: bajo la base de la sección frente al Jongmyo (p. 46) se observan restos arqueológicos del s. XV.

Construido en 1968 como el primer complejo residencial-comercial del país, aún alberga muchas tiendas de electrodomésticos y, gracias a la corriente *newtro* (p. 28) que barre la ciudad, se han incorporado cafés de especialidad, cervecerías artesanas, talleres de moda y mucho más, gracias a jóvenes emprendedores.

Cabalgar la ola coreana en el HiKR Ground CENTRO CULTURAL

PLANO: 33 P. 56 **D1**

El HiKR Ground es un centro de información turística y promotor del creativo sector dedicado a la ola coreana o *hallyu*. En la 5ª planta ofrecen recomendaciones sobre los mejores reclamos turísticos del país y, desde la terraza del **HiKR Lounge,** se observa el Cheonggye-cheon. En las plantas inferiores hay muestras sobre la dinámica cultura pop coreana, incluidas enormes paredes con medios digitales y proyecciones. En el **K-Pop Ground** (2ª planta) tienen platós de rodaje de videoclips donde es posible disfrazarse y hacerse fotos.

Pasar el rato en Euljiro BARRIO

Apodado "Hip-jiro" por sus cafés y bares de moda, este fascinante barrio ofrece un animado trajín diurno impulsado por sus imprentas y tiendas de papelería y material eléctrico. Pero al caer la noche, en sus callejas iluminadas por neones se palpa el influjo de bares y restaurantes en boga.

En medio del batiburrillo aguardan varios puntales de la escena cafetera local, como **Coffee Hanyakbang** (PLANO: 34 P. 56 **E2**; *10.00-22.00*), cuyos muebles y accesorios antiguos –sumados a su llamativo arte– le confieren un ambiente deliciosamente retro.

Horangii Coffee (PLANO: 35 P. 56 G2), en la 2ª planta de la galería comercial Sewoon Sangga, seduce con *lattes* y *sandos* (sándwiches de fruta al estilo japonés). Allí están Ggeek Beer Company (p. 71), la galería itinerante **Another News Room** (PLANO: 36 P. 56 **G2**) y **My Own Private Cinema** (PLANO: 37 P. 56 **G2**), con pósteres, libros y películas coreanas.

Lo mejor para...

ⓦ Económico ⓦⓦ Medio ⓦⓦⓦ Alto

Comer

Tallarines

Menten ⓦⓦ

39 E3

Dos tipos de *ramen: shoyu* (con caldo a base de soja) y *tantanmen* (picante, con carne picada de cerdo), ambos deliciosos. *11.40-14.30 y 17.40-20.00 lu-sa*

Woo-rae-oak ⓦⓦ

40 G1

Es, desde 1946, el lugar preferido de la ciudad para comer *naengmyeon* (fideos fríos de trigo sarraceno), *bulgogi* y *galbi. 11.30-22.00*

Clásicos coreanos

Joseonok ⓦⓦⓦ

41 F2

Especializado en *galbi* desde 1937. *11.30-14.30 y 16.30-21.30 lu-sa*

Odarijip ⓦⓦⓦ

42 D3

Cantantes de K-Pop amenizan las comidas a base de cangrejo marinado y ternera a la parrilla. *9.00-24.00*

Beber

Cafés

Café Gabaedo

43 B3

Destacan el *matcha latte* y el tiramisú de tres sabores en este encantador café alojado en un edificio de 1910. *8.00-21.00*

Asoto Bakery

44 F3

De temática japonesa retro, con una sala al fondo ideal para paladear melon pan y bollos de nata. *11.00-19.30*

Cerveza artesana

Euljiro Brewing

45 F2

Mejor no juzgarlo por el irónico logo de un tipo vomitando: sus cervezas son sublimes. *15.30-2.00*

Ggeek Beer Company

46 G2

Galardonada microcervecera con excelentes variedades galardonadas, incluidas una *pale ale,* una rubia y una negra. *16.00-23.00 lu-sa*

Localizaciones en el plano de la **p. 56**

Bares

Ace Four Club

47 E2

Coctelería en un *dabang* (bar) de ambiente retro, con fabulosas vistas de Euljiro. *17.00-1.00*

Gye Young Bae

48 G1

Bar clandestino de temática asiática que sirve destilados locales y permite traer comida del cercano mercado de Gwangjang. *18.00-23.00*

Comprar

Moda

Åland

49 D3

Moda de diseño, menaje y piezas *vintage* en una *boutique* compartida por varias marcas locales. *11.00-22.00*

su;py

50 D3

Moderna *boutique* donde descubrir las próximas tendencias de la moda coreana.

★ IMPRESCINDIBLE

Zona Desmilitarizada (DMZ)

Unos 55 km al norte de Seúl se localiza la Zona Desmilitarizada (DMZ), una siniestra franja de 240 km de largo y 4 km de ancho que secciona la península de Corea y que, pese a palparse la tensión, es una destacada atracción turística, con varios puntos de observación que permiten otear Corea del Norte.

CONSEJO
Ser flexible al planificar la visita: los lunes no hay circuitos y los planes podrían desbaratarse si hay maniobras militares o producirse incidentes en la frontera.

Circuitos

La DMZ no es un sitio que pueda explorarse libremente; casi todo el mundo opta por contratar un circuito en autobús con guía, saliendo de Seúl. Muchas agencias ofrecen rutas de medio día, en las que se visita el Tercer Túnel de Infiltración, el Observatorio Dora y el **Pueblo de la Unificación.** Las de día completo incluyen la Zona de Seguridad Conjunta de Panmunjeom.

Otra opción es conducir o ir en transporte público hasta el **parque Imjingak,** en honor a los 10 millones de coreanos cuyas familias quedaron separadas tras dividirse la península. Si se viaja en un circuito en autobús para grupos reducidos desde Seúl, también se desembarcará allí para unirse al circuito general, que sigue el itinerario de medio día. Las entradas se venden por orden de llegada. El primer circuito sale a las 9.20 y el último, a las 14.40. En todos se ha de presentar el pasaporte.

Zona de Seguridad Conjunta

El principal aliciente de cualquier visita a la DMZ es la Zona de Seguridad Conjunta (JSA) de Panmunjeom, donde la Línea de Demarcación Militar separa Corea del Sur de Corea del Norte: un lugar bajo fuertes medidas de seguridad, que no siempre abre al público; se podrá visitar el edificio de la ONU en el que se firmó el armisticio de 1953. Es

Escanea este código QR para más información sobre el parque Imjingak.

CHINTUNG LEE/SHUTTERSTOCK ©

el único sitio donde se puede caminar –brevemente y sin peligro– por Corea del Norte.

Tercer Túnel de la Infiltración

Desde 1974 se han descubierto cuatro túneles excavados bajo la DMZ por el ejército norcoreano para poder atacar por sorpresa. Recorrer los 265 m de este túnel de 73 m de profundidad no es para claustrofóbicos ni para personas altas (hay que llevar casco).

Observatorio Dora

Este complejo cimero (en la imagen) permite avistar con prismáticos Corea del Norte. En días despejados se atisban la ciudad de Kaesong y el parque industrial, donde, durante un tiempo, grandes empresas surcoreanas emplearon mano de obra barata norcoreana.

UNA PAUSA

Se pueden comprar recuerdos (incl. los chocolates de la DMZ) tanto en los cafés y restaurantes turísticos de Imjingak y el Observatorio Dora como en el supermercado del Pueblo de la Unificación.

Sugerencias de lugares para comer, beber y comprar en **p. 88**

Explora
Oeste de Seúl

Sede de varias universidades, Hongdae, el principal barrio estudiantil de Seúl, pega especialmente fuerte de noche, cuando cobran vida sus clubes y salas de conciertos. Al sur, en medio del río Han, se encuentra Yeouido, una isla de 3 km de largo y 2 de ancho que aloja tanto empresas financieras y de inversión internacionales como la Asamblea Nacional. Entre sus atracciones figuran los encantadores parques Yeouido y Yeouido Hangang, ambos fantásticos para pasear o montar en bici. Cerca está Noryangjin, el principal mercado de pescado de la capital, mientras que al suroeste aguarda el Mullae Arts Village, famoso por sus talleres de forja, arte callejero y estudios de diseño. Hacia el interior hay asombrosos parques y jardines.

Cómo desplazarse

Metro

Fácilmente accesible en metro, la Universidad Hongik es el punto de encuentro donde convergen varias líneas, entre ellas la Gyeongui-Jungang y la del A'REX (Airport Express), que da servicio a los aeropuertos internacionales de Incheon y Gimpo. Hapjeong, en la línea 2, queda a una parada de la Universidad Hongik, donde se hace transbordo con la línea 6 para ir a Mangwon y al estadio de la Copa del Mundo de Fútbol (al oeste). La línea 9 va al sur del río hacia Noryangjin, Yeouido y, en última instancia, el jardín botánico de Seúl. Como mejor se explora Yeouido es a pie o en bici.

Parque Yeouido (p. 79).
JAVEN/SHUTTERSTOCK ©

LO MEJOR

Comprar pescado en la lonja de **NORYANGJIN** (p. 82).

Entregarse a la oferta noctámbula de la **CALLE HONGDAE** (p. 80).

Pasear, hacer un pícnic y jugar en el **PARQUE DE LA COPA DEL MUNDO** (p. 84).

Dar un paseo fluvial al ocaso por el **RÍO HAN** (p. 85).

Descubrir el **JARDÍN BOTÁNICO DE SEÚL** (p. 83) en una excursión hortícola.

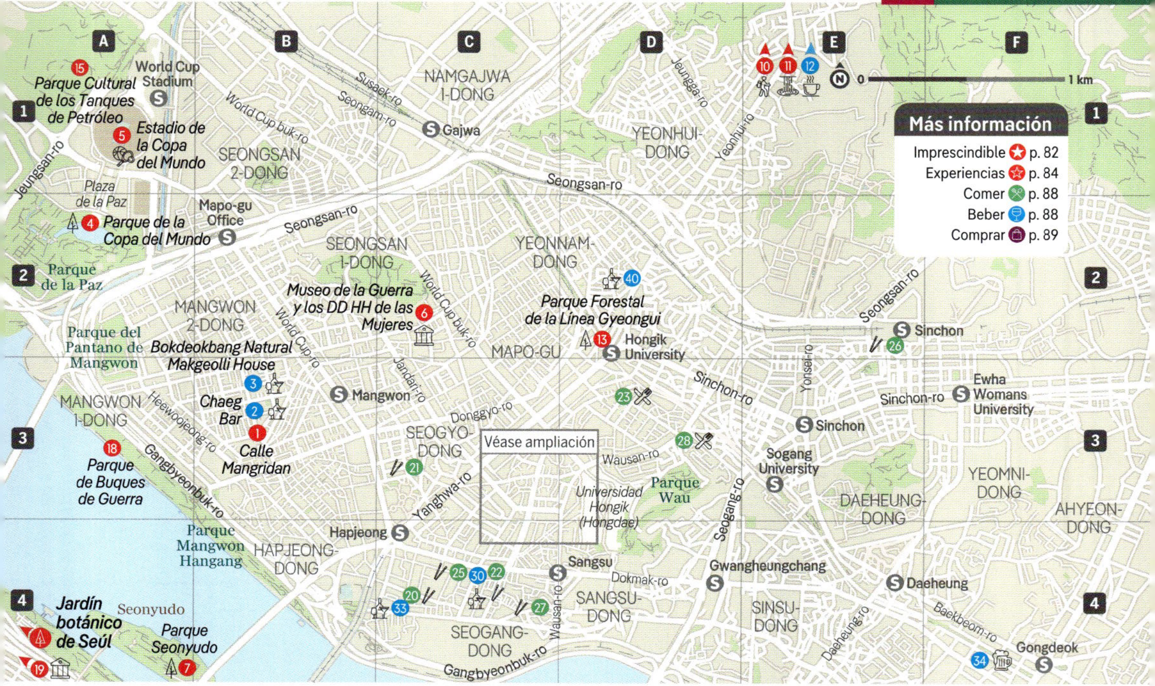

Más información
Imprescindible p. 82
Experiencias p. 84
Comer p. 88
Beber p. 88
Comprar p. 89
0 1 km
Parque Cultural de los Tanques de Petróleo
World Cup Stadium
Estadio de la Copa del Mundo
Plaza de la Paz
Parque de la Copa del Mundo
Mapo-gu Office
Parque de la Paz
Parque del Pantano de Mangwon
Bokdeokbang Natural Makgeolli House
Chaeg Bar
Calle Mangridan
Parque de Buques de Guerra
Parque Mangwon Hangang
Jardín botánico de Seúl
Seonyudo
Parque Seonyudo
Museo de la Guerra y los DD HH de las Mujeres
Parque Forestal de la Línea Gyeongui
Hongik University
Véase ampliación
Universidad Hongik (Hongdae)
Parque Wau
NAMGAJWA 1-DONG
SEONGSAN 2-DONG
SEONGSAN 1-DONG
MANGWON 2-DONG
MANGWON 1-DONG
HAPJEONG-DONG
SEOGYO-DONG
SEOGANG-DONG
YEONNAM-DONG
YEONHUI-DONG
MAPO-GU
SANGSU-DONG
SINSU-DONG
DAEHEUNG-DONG
YEOMNI-DONG
AHYEON-DONG
Gajwa
Mangwon
Hapjeong
Sangsu
Gwangheungchang
Sogang University
Sinchon
Ewha Womans University
Daeheung
Gongdeok
Jeungsan-ro
World Cup buk-ro
Susaek-ro
Seongam-ro
Seongsan-ro
World Cup-ro
Heewoojeong-ro
Gangbyeonbuk-ro
Jandari-ro
Donggyo-ro
Yanghwa-ro
Wausan-ro
Dokmak-ro
Jeungga-ro
Yeonhui-ro
Sinchon-ro
Yonsei-ro
Seogang-ro
Daeheung-ro
Baekbeom-ro

Parque Yanghwa Hangang
Olympic-daero
Seonyudo
Yanghwa-ro
SEOGYO-DONG
Jandari-ro
Jandari-ro 6-gil
Luxury Su Noraebang
KT&G SangsangMadang
CU Ramen Library
Eoulmadang-ro
Wausan-ro 19-gil
Hongik-ro
Wausan-ro 21-gil
Parque Cultural de Hongik
Wausan-ro
Universidad Hongik (Hongdae)
SEOGANG-DONG
0
200 m
Mullae
MULLAE-DONG
Mullae Arts Village
Autopista de Gyeongbu
YEONGDEUNGPO-DONG
Yeongdeungpo
Parque Yeongdeungpo
Singil-ro
Singil
SINGIL 1-DONG
Daebang
Nodeul-ro
Parque Ecológico Yeouido Saetgang
Saetgang
Yeouidong-ro
Yeouido
Uisang-daero
YEOUIDO-DONG
Yeouidaebang-ro
Noryangjin-ro
Lonja de pescado de Noryangjin
Olympic-daero
Noryangjin
Nodeul-ro
Nodeul
Parque Yeouido Hangang
Yeouiseo-ro
Gukhoe-daero
National Assembly
YEONGDEUNGPO-GU
Yeouigongwon-ro
Yeoui-daero
Parque Yeouido
Yeouinaru
E-Land Cruise
Puente Seogang
Isla de Banseam
Reserva Ornitológica de Banseam
Río Han (Hangang)
Puente Mapo
Puente Wonhyo
YONGGANG-DONG
Tojeong-ro
Mapo
Mapo-daero
DOHWA-DONG
Gangbyeonbuk-ro
WONHYORO 2-DONG
Wonhyo-ro
ICHON 2-DONG
A
B
C
D
E
F
5
6
7
8

CIRCUITO A PIE

Un paseo por la isla de Yeoui

Yeouido (isla de Yeoui) no solo es el centro legislativo y financiero de Seúl, sino también un bonito enclave para pasear por parques a la vera del río Han, que, además de brindar hermosas vistas, ofrece una divertida mezcla de actividades.

INICIO	FINAL	DURACIÓN
Asamblea Nacional	Waterlight Stage	4,8 km; 1¾ h

1 Inicio político

Al salir del metro por la salida 6 de la estación Asamblea Nacional, enseguida se reparará en la cúpula azul del Parlamento coreano, así como en los gritos y pancartas de los manifestantes que suelen congregarse allí. Acabado en 1975, la **Asamblea Nacional** permite el acceso de extranjeros que previamente lo hayan solicitado por correo electrónico.

2 El trasiego del parque

Tras cruzar la calle en dirección sureste, aparece el **parque Yeouido,** lleno de jardines, estatuas, instalaciones deportivas y un estanque, que en su conjunto son ideales para contemplar a la gente. También hay un aeroplano: un guiño a la historia del parque como antigua pista de despegue de un aeropuerto internacional construido por el Ejército Imperial Japonés en 1916, en tiempos de la colonia.

3 Exploración subterránea

Frente al parque, lo que a simple vista parece un ascensor es, en realidad, la entrada del **SeMA Bunker,** un antiguo búnker militar descubierto en el 2005, que hoy forma parte del Museo de Arte de Seúl (p. 68) y acoge exposiciones temporales; la programación aparece en la web del SeMA.

4 Pausa para el café

En **TFT Coffee Roasters** se cargan pilas con un americano o un Iceberg, el *latte* estrella de la casa.

5 Desde las alturas

Más al este se aprecia la centelleante fachada del **63 Square** (también conocido como Golden Bar), un rascacielos que en su día fue el edificio más alto fuera de Norteamérica y hoy sigue siendo todo un emblema en Corea; debe su nombre al número de plantas que tiene, aunque solo 60 están por encima del suelo. La más alta la ocupa la galería **63 Sky Art;** la más baja, el acuario **Aqua Planet 63.**

6 Escultura de cine

Cabe trazar un bucle hacia el parque Yeouido Hangang, al norte, donde se halla la escultura **'The Host',** que representa a la espeluznante criatura de la película de terror *The Host* (2006): un monstruo de 5 toneladas originado a partir de residuos tóxicos que emerge de las aguas del Han con la intención de devorar humanos.

7 Escenario flotante

Siguiendo al oeste se llega hasta el **Waterlight Stage,** un escenario en forma de gota diseñado por Yoon Chang-gi y Zhang Xiaoyi, que, según dicen, es el primero retráctil y flotante del mundo.

CIRCUITO A PIE

Sumergirse en Hongdae

Hongdae, epicentro histórico de la escena nacional de arte alternativo, no solo es el nombre de la universidad coreana puntera en materia artística, sino también el barrio que la acoge. Deambular por sus calles repletas de propuestas culturales y de ocio es una experiencia fascinante.

INICIO	FINAL	DURACIÓN
Parque de la Línea Gyeongui	Hongdae Playground	3,2 km; 1½ h

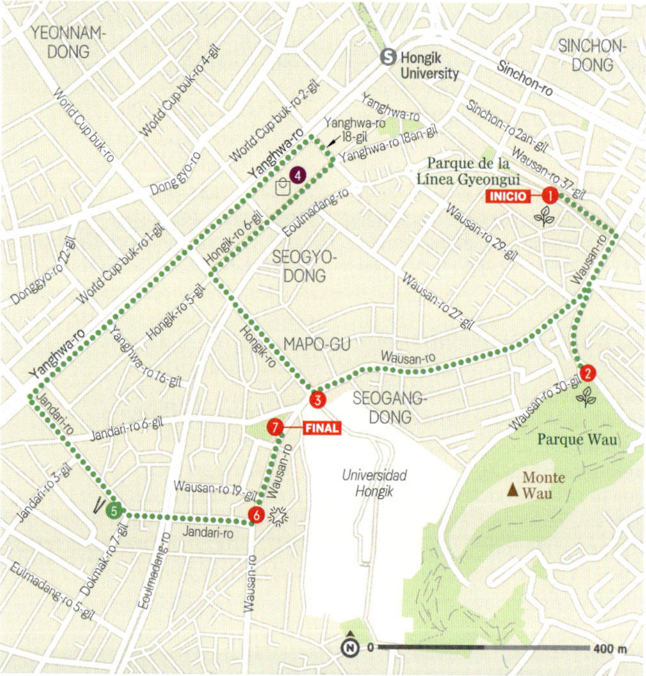

1 Antigua vía férrea

Desde la estación de la Universidad Hongik se va al sureste hacia el **Parque Forestal de la Línea Gyeongui** (p. 86), construido sobre antiguas vías de ferrocarril y lleno de imponentes árboles y restaurantes.

2 Una colina en pleno barrio

Cruzando la calle se llega al **parque Wau,** una de las zonas verdes predilectas del barrio y un agradable paréntesis al barullo que lo rodea. Comprende el monte Wau, con bonitos senderos y pistas de baloncesto, entre otras instalaciones deportivas.

3 Puerta de la universidad

Tras desandar el camino, se gira a la izquierda y otra vez a la izquierda antes de seguir la calle principal que pasa junto a la **Universidad Hongik,** fácilmente distinguible por su enorme entrada. El barrio de Hongdae debe su espíritu animado a esta institución, que se trasladó al barrio en la década de 1950, trayendo consigo una buena dosis de ambiente juvenil y creatividad. Se regresa de noche para ver Eoulmadang-ro, popularmente conocida como la calle **Hongdae** (Hongdae Street). La flanquean bares y restaurantes llenos hasta los topes; entre medias pueden verse grupos de baile y músicos callejeros con mucho tirón.

4 Una tienda diferente

Kakao Talk (o KaTalk) es la versión coreana de WhatsApp, pero con caracteres más monos y muchísimas opciones más. Se recomienda echar un vistazo a la **Kakao Friends Hongdae Flagship Store,** donde se podrá conocer a todos los personajes –desde el león sin melena Ryan al rábano vestido de conejo Muzi– que aparecen en la aplicación, en forma de figuritas o de preciosos accesorios. Hay un café, además.

5 Sabrosa tentación

Por más tiendas de alimentación que haya en Corea del Sur, ninguna es comparable a la sucursal de CU en Jandari-ro, famosa por su **Ramen Library** (p. 86).

6 Noches de juerga

Yendo por Jandari-ro se verá el espectacular KT&G Sangsang-Madang, un edificio de cristal y hormigón cuyo diseño evoca las alas de una mariposa. Después, se tuerce a la izquierda por Wausan-ro, apodada **'Club Street'** por sus famosas salas de *hip-hop* y *dance,* con muchos locales de comida rápida abiertos hasta la madrugada.

7 ¡A jugar!

Más adelante está el **Hongdae Playground,** un pequeño parque triangular que bulle tras la puesta de sol, cuando los fiesteros salen de parranda.

★ IMPRESCINDIBLE

Lonja de pescado de Noryangjin

Con más de 700 puestos en los que se encontrará toda clase de criaturas marinas –presumiblemente– nunca antes vistas, el mayor mercado de pescado de Seúl abrió en 1927 y fue trasladado aquí en 1971, aunque el complejo actual que ocupa se remonta al 2016.

PLANO: P. 76 **E8**

CONSEJO
Como en cualquier ajetreado mercado de abastos, en Noryangjin se irá más cómodo llevando calzado cerrado y ropa que no importe manchar.

Escanea este código QR para precios, horarios y demás.

Puestos

Lo indicado es ir con el estómago vacío, un espíritu aventurero y ganas de regatear. Pese a abrir las 24 h, para ver el mercado en pleno frenesí hay que asistir a las subastas, que comienzan a partir de medianoche.

Restaurantes

Después de comprar el pescado, hay que pedir que lo cocinen en alguno de los muchos restaurantes de la planta superior. Por regla general, los vendedores están asociados con restaurantes específicos, en cuyo caso alguien guiará al cliente al establecimiento en cuestión y, una vez allí, preguntarán cómo prefieren que lo preparen o indicarán la manera recomendada.

También se puede comer sin necesidad de pasar por el mercado. Entre los platos más populares se incluyen el *hoe* (pescado crudo en rodajas), el cangrejo al vapor, el marisco a la plancha y la *maeuntang* (sopa picante). No hay que irse sin probar los acompañamientos, sobre todo la *cho-gochujang* (pasta de pimiento y vinagre).

★ IMPRESCINDIBLE

Jardín botánico de Seúl

En este jardín de atractivo diseño, inaugurado oficialmente en el 2019, el viajero emprenderá un relajante viaje hortícola entre especies vegetales de una docena de países, logrando abstraerse del bullicio urbano.

PLANO: P. 76 **A4**

Invernadero

El jardín botánico de Seúl se anuncia como el único del mundo dotado de un invernadero cóncavo. Con ayuda de una audioguía en inglés, se recorrerán las distintas zonas climáticas que lo integran: **tropical** (con una pasarela de observación a 8 m de altura) y **mediterránea.**

Instalaciones

Además de una **biblioteca de plantas** con unos 9000 libros (muchos de ellos en inglés) sobre horticultura y ecología, posee una **biblioteca de semillas,** restaurantes, cafés, un espacio de exposiciones, un observatorio en la azotea y una ingeniosa granja de acuaponia.

Jardines exteriores

Entre sus ocho jardines temáticos se incluye un "jardín meditativo", diseñado conforme a la estética tradicional coreana; un "jardín de los recuerdos", con plantas habituales del pasado; y un "jardín ventoso", donde puede oírse el sonido de las plantas al mecerlas el viento. Los senderos continúan hasta un campo con una **escuela de educación forestal,** un lago rodeado de lirios y un humedal con un puente sobre el río Han.

CONSEJO

Si bien el invernadero y los jardines cierran los lunes, los parques públicos abren todo el año.

Escanea este código QR para precios, horarios y demás.

EXPERIENCIAS

Deambular por la calle Mangridan
CALLE

PLANO: 1 P. 76 B3

Llamada Poeun-ro, pero apodada **Mangridan-gil,** esta popular calle revela progresivamente todo lo que hoy es tendencia en Seúl. Se empieza haciendo una sesión fotográfica en un fotomatón o pasando a **Dotori Caricature** para que a uno le hagan un curioso dibujo de sí mismo. **Viva Salon,** lleno de juguetes y peluches, es ideal para tomar un café entre objetos curiosos. Se sigue hacia el híbrido de librería y bareto **Chaeg Bar** (PLANO: 2 P. 76 B3), donde se toma un trago rebuscando entre libros. Y, como colofón, se cena con una copa de *makgeolli* (vino de arroz) en **Bokdeokbang Natural Makgeolli House** (PLANO: 3 P. 76 B3).

Oler el parque de la Copa del Mundo de Fútbol
PARQUE

PLANO: 4 P. 76 A2

Uno jamás adivinaría que este bello parque, construido en conmemoración del Mundial de Fútbol del 2002, se asienta parcialmente sobre un antiguo vertedero. Compuesto por cinco parques conectados entre sí, es en su conjunto uno de los espacios verdes más grandes de Seúl, con sendas peatonales/ciclistas, instalaciones deportivas, zonas infantiles y tiendas.

Cruzando el puente desde el **estadio de la Copa del Mundo** (PLANO: 5 P. 76 A1), el **parque Pyeonghwa** (de la Paz), con un estanque e instalaciones de arte, es un clásico para ir de pícnic. El **parque Haneul** (del Cielo), al oeste, ofrece excelentes vistas de la ciudad, mientras que el vecino **parque Noeul** (del Ocaso) es conocido por sus zonas de acampada en plena ladera. Al norte queda el **parque Nanjicheon** (arroyo Nanji), con pasarelas de madera sobre el agua, coloridas flores silvestres y un amplio campo donde se ve volar cometas. Al sur está el **parque Nanji Hangang** (río Nanji Han), que abarca el humedal del **Parque Ecológico Nanji,** otra zona de acampada y un par de piscinas.

Museo de la Guerra y los DD HH de las Mujeres
MUSEO

PLANO: 6 P. 76 C2

Este museo de ingeniosa disposición *(cerrado sa)* comparte los relatos de las "mujeres de consuelo" coreanas, víctimas de los abusos sexuales sistemáticos y la esclavitud sexual a manos de las tropas japonesas entre 1932 y 1945. Aunque casi todas las explicaciones y vídeos están en coreano, la audioguía en inglés, incluida en el precio de la entrada, traza el recorrido por las distintas exposiciones, pasando de una galería exterior con obras de arte realizadas por víctimas a la proyección de un vídeo escaleras abajo y una sala superior en la que, además de repasar la historia, se les rinde tributo. Se verán testimonios, pertenencias y fotografías de supervivientes, mientras se aprende acerca de su lucha constante para exigir justicia. El museo concluye con una muestra sobre la violencia sexual como instrumento de guerra en los conflictos armados, en la que se hace alusión a las supervivientes vietnamitas que sufrieron abusos por parte de soldados coreanos durante la guerra de Vietnam.

Pensamiento sostenible en el parque Seonyudo PARQUE

PLANO: 7 P. 76 **A4**

La antigua planta de tratamiento de aguas residuales de la isla de Seonyu es hoy un galardonado parque ecológico. En Seonyudo, los viejos edificios industriales asoman a bonitas zonas verdes integradas por estanques con flores de loto, viveros de plantas y cerezos. Se puede llegar a pie, cruzando el puente junto a la estación de metro de Seonyudo; en autobús, apeándose en la parada de Seonyudo; o pedaleando por alguno de los carriles-bici del cercano parque Hangang.

Surcar las aguas del río Han CRUCERO

Las diversas opciones de cruceros fluviales que **E-Land Cruise** (PLANO: 8 P. 76 **E7**) ofrece desde el parque Yeouido Hangang van desde básicas salidas diurnas, vespertinas o nocturnas amenizadas con música en directo hasta exclusivas travesías con merienda, champán, música y bufé de cena a bordo. Las reservas pueden realizarse *in situ* o con antelación (elandcruise.com).

Despertar la creatividad en el Mullae Arts Village ZONA

PLANO: 9 P. 76 **A8**

Yendo al sur desde la estación de Mullae no se encontrará nada interesante. Pero si uno se adentra en la maraña de callejas situada al sureste, pronto topará con el pintoresco Mullae Arts Village, donde viejas herrerías se entremezclan con flamantes estudios de artes visuales y mucho arte callejero. Los fines de semana, cuando las puertas pintadas de los talleres están cerradas, aún más talleres emergen. Al otro lado de Dorim-ro hay una antología de pequeñas ga-

CONSEJOS DE CICLISMO

En Seúl, no hay mejor sitio para montar en bici que las extensas sendas ciclistas en paralelo al río Han. Aunque se puede alquilar una bicicleta en un puesto de alquiler (y entregarla en el mismo lugar), una opción más práctica es utilizar el sistema de bicicletas compartidas Ttareungi (p. 25), que permite devolverlas en cualquiera de sus cientos de estaciones repartidas por la ciudad. Las tarifas parten de 1000/2000/5000 KRW por 1/2 h/1 día. El bono Discover Seoul Pass incluye el uso gratuito de una bici durante 24 h.

lerías, cafés, restaurantes y bares, que sirven desde bocados tradicionales coreanos hasta refinada cocida italiana.

Buscar cascadas por el Ansan

MONTE

PLANO: 10 P. 76 E1

El Ansan (295 m) es un monte fácil de subir, coronado por un **'bongsudae',** el sistema de comunicaciones por señales de humo que se empleaba durante la dinastía Joseon. Entre los muchos senderos que atraviesan los bosques inferiores están el **Ansan Jarak-gil** (con tablones de madera en buena parte de su trazado) y el sanador **sendero de tierra roja,** que ha de recorrerse descalzo. En la cara noroeste del Ansan, pasada la **zona de descanso del bosque Yeonhui,** el rumor de la **cascada Hongjecheon** (PLANO: 11 P. 76 E1) crea un ambiente de lo más relajante al cruzar las piedras del **arroyo Hongje** de regreso a la civilización. A la derecha espera el **Cafe Pokpo** (PLANO: 12 P. 76 E1), genial para tomar un café con vistas al salto de agua.

Parque Forestal de la Línea Gyeongui

PARQUE

PLANO: 13 P. 76 D2

Sobre las antiguas vías férreas de la línea Gyeongui se encuentra este agradable paseo de 6,3 km construido entre las estaciones de Gajwa y Parque Hyochang, con muchos restaurantes, cafés y bares entre medias. El tramo que más gusta es el del **parque Yeontral** (junto a la salida 3 de la estación de metro de Universidad Hongik). Apodado el "Central Park de Seúl", en verano se llena de gente que va de pícnic. La línea Gyeongui la tendieron los japoneses en 1905 y quedó abandonada a principios de la década de 1950.

Tomar un tentempié en CU Ramen Library

TIENDA DE COMESTIBLES

PLANO: 14 P. 76 A7

Oculto en una adusta tienda de alimentación de Hongdae se encuentra este paraíso de los amantes de los fideos *ramen* instantáneos, con una pared con baldas hasta el techo llenas de paquetes perfectamente ordenados. Tras repasar sus incontables variedades, que abarcan desde el ultrapicante *buldak* (pollo al fuego) al mucho más llevadero *jjajang* (con salsa de frijol negro), se escogen aderezos, como atún en conserva, queso estadounidense, huevo hervido o cebolleta. A continuación, se vierte agua del dispensador sobre el contenido, que ha de mezclarse bien; y tras conseguir unos palillos, se disfruta del tentempié en sus mesas en forma de cuenco gigante de *ramen*. ¡Toda una experiencia!

Arquitectura reciclada del Parque Cultural de los Tanques de Petróleo

CENTRO CULTURAL

PLANO: 15 P. 76 A1

Inaugurado en el 2017 como símbolo del proceso de regeneración urbana en el que se encontraba sumido Seúl, este espacio consta de cuatro tanques de petróleo obsoletos -que han sido reconvertidos en un pabellón de exposiciones, un anfiteatro, un complejo cultural y una sala de medios de comunicación-, más un quinto tanque, que se ha conservado como estaba. A partir de piezas desmanteladas de otros tanques, se construyó una sexta estructura: un espacio comunitario con café y biblioteca.

Tras recorrer libremente el recinto (abierto 24 h), contemplando de cerca las obras de arte y la arquitectura de los tanques *(cerrados lu)*, una buena idea es acometer la **ruta del monte Maebong** (1,35 km), que parte del mismo parque.

Pasear por las vías del tren de Hangdong

JARDINES

PLANO: 16 P. 76 **A8**

Al oeste, en el barrio de Guro, se encuentra esta antigua vía férrea flanqueada por árboles, que ofrece un fotogénico paseo por el primer arboreto de la capital. Construido en 1959, el ferrocarril de Hangdong se utilizaba para transportar mercancías por una línea de vía única. Desde la estación de Cheonwang (línea 7), se sigue la calle hacia el noroeste hasta observar las vías a la izquierda. Desde allí hay un bonito y pintoresco paseo de 15 min hasta llegar al **arboreto de Pureun** (PLANO: 17 P. 76 **A8**). Instalado en una zona antes vacía, actualmente alberga unas 2100 especies de plantas repartidas en una docena de jardines temáticos -que son accesibles a través de preciosas pasarelas y senderos-, así como un embalse, un hábitat de ranas y una zona recreativa infantil. Hay también varios cafés por el recinto.

LO MEJOR PARA NIÑOS

Aunque al oeste de Seúl se lo conozca principalmente por su escandalosa vida nocturna, lo cierto es que también abundan las opciones infantiles.

Parque de los Buques de Guerra de Seúl

PLANO: 18 P. 76 **A3**

Los peques podrán subirse tanto a bordo de un acorazado fuera de servicio, fondeado en el Han, como a un submarino y una lancha motora. Les encantará curiosear por la sala de máquinas y los camarotes, e incluso podrán vestirse de marinero. Cerrado lunes.

Museo Nacional de Aviación de Corea

PLANO: 19 P. 76 **A4**

Situado en el aeropuerto de Gimpo, aquí los críos harán realidad el sueño de volar participando en cinco experiencias interactivas, desde pilotar un avión hasta practicar deportes aéreos. Resérvese con bastante antelación. Cerrado lunes.

SUGERENCIAS

Lo mejor para...

Ⓦ Económico ⓌⓌ Medio ⓌⓌⓌ Alto

Localizaciones en el plano de la **p. 76**

Comer

Clásicos coreanos

Nan Ⓦ
20 C4
Auténtica joya con un sencillo menú del día que incluye *banchan* (guarniciones), arroz y principal. *11.00-20.00 lu-sa*

Okdongsik Ⓦ
21 C3
En Hapjeong, conocido por su cocina del bienestar coreana; recomendables *mandu* (empanadillas). *11.30-14.30 y 17.00-21.00*

Yetmat Seoul Bulgogi ⓌⓌ
22 C4
Opíparas raciones de ternera marinada con cebolleta, cocinada a fuego abierto, acompañadas de *banchan*. *11.00-13.30 y 16.30-21.00*

Hongik Sutbul Galbi ⓌⓌ
23 D3
Muy popular por servir cerdo a la parrilla hasta altas horas. *15.30-4.00*

China

Old Shanghai ⓌⓌ
24 F5
Conquista con sus cazuelas de *malatang* (sopa picante) con ternera o cordero y sus deliciosas empanadillas. *16.00-23.00*

Cheonji Yang Ggochi ⓌⓌ
véase 1 B3
Brochetas de chisporroteante cordero cocinadas a la brasa en la misma mesa, regadas de Tsingtao bien fría. Bordan el tofu picante. *17.00-4.00*

Japonesa

Oreno Ramen Ⓦ
25 C4
Primer establecimiento de una cadena con una estrella Michelin donde saborear fideos frescos con caldo elaborados a diario. Destaca el *tori paitan*. *11.00-21.00*

Samcheongdong Shabu ⓌⓌ
26 E2
Sus calderos individuales permiten que cada comensal escoja el caldo, la carne y demás ingredientes a su gusto. *11.00-22.00*

Kotetsu ⓌⓌ
27 C4
Pequeño local de Sangsu donde se fríen contundentes *okonomiyakis* (tortillas de huevo y harina) que como mejor saben es con un *whisky*. *16.00-24.00*

Vegetariana

Drunken Vegan ⓌⓌ
28 D3
No tienen nada de aburrido ni su versión del *fish and chips* ni la de la lasaña. El cóctel de la casa es a base de *soju*. *17.00-22.00*

Beber

Cócteles

Little Big
véase 23 D3
Bar de *jazz* en el que, al no haber carta, toca ponerse en manos de sus bármanes. *19.00-24.00 lu-sa*

Bar Da
29 B5
Frecuentado por artistas y músicos, se esconde en una 2ª planta y no ha cambiado desde hace

décadas. *7.00-2.00 lu-ju, hasta 4.00 vi y sa*

Listen

30 C4

Auténtica whiskería japonesa acogedora, con una amplia selección y atendida por un personal entendido. *19.00-3.00 lu-sa*

d.still

31 B7

Apacible y refinado establecimiento ideal para descansar, cóctel en mano de los atronadores clubes de Wausan-ro. *19.00-3.00*

Bares retro

Unity Record Bar

32 A6

Sus viejos vinilos y su sensacional equipo de sonido hacen las delicias de los entusiastas del *hip-hop*. *18.00-2.00 ma-do*

Manpyong

33 C4

Bar de entrañable ambiente hogareño en el que suena una mezcla de pop clásico coreano, japonés y norteamericano. *20.00-24.00 mi, ju y do, hasta 1.30 vi y sa*

Cerveza artesana

Seoul Brewery

véase 33 C4

Cervezas de calidad (seis fijas más varias de temporada) en un espacio de diseño sobrio. *17.00-24.00 lu-mi, desde 13.00 sa y do*

MysterLee Brewing Company

34 F4

Exitosa cervecería de Gongdeok con un amplio abanico de cervezas, *pizzas*, pastas y ensaladas. *13.00-24.00*

Bares y 'pubs'

La Luz

35 B7

Luminoso y animado complejo de ocio donde, además de jugar a videojuegos, se puede tomar un cóctel en un bar de temática circense. *17.00-1.00*

Mike's Cabin

36 B6

Favorito de una ecléctica parroquia, este bar tipo cueva en un sótano es un clásico de Hongdae donde se baila hasta el alba. *18.00-1.00 do-ju, hasta 6.00 vi y sa*

Zen Bar

37 B6

Popular entre una clientela más joven por sus promociones de bebidas, más tarde se convierte en discoteca. *21.00-5.00 do, mi y ju, hasta 6.00 vi y sa*

Clubes

Club FF

38 B7

Conciertos de *rock* al atardecer y discoteca después de medianoche, con música pop de todas las épocas. *19.00-6.00 ju-do*

NB2

39 B7

Incombustible del panorama de discotecas de Hongdae, con dos pistas: un de *hip-hop* y otra de música coreana. Se llena a reventar. *21.00-6.00*

Channel 1969

40 D2

Bar-club retro que apunta a una parroquia más madura, con DJ que pinchan de pop urbano japonés a psicodelia. *20.00-1.00 mi-do*

Comprar

Grandes almacenes

Hyundai Seoul

41 D7

Del tamaño de 13 campos de fútbol, este descomunal centro comercial tiene algo para todos los gustos. *10.30-20.00 lu-ju, hasta 20.30 vi-do*

IFC Mall

42 D7

En el sótano del International Finance Center se encontrarán marcas de moda exclusivas. *10.00-22.00*

Sugerencias de lugares para comer, beber y comprar en **p. 106**

Explora
Itaewon y Yongsan-gu

Premiado con tres colinas –"Homo", "Halal" y "Hooker"–, Itaewon es conocido desde hace mucho tiempo como el centro internacional de Seúl. El parque Yongsan encierra tres museos, la Oficina del Presidente y la antigua guarnición del ejército estadounidense, cuya apertura al público está ultimándose. Los contiguos barrios de Gyeongridan y Haebangchon (HBC) son cosmopolitas enclaves llenos de apacibles restaurantes, bares y cafés. Yendo al este por Itaewon-ro, su vía principal, se encuentra el refinado Hannam-dong, el barrio preferido de muchas celebridades, con vistas del Han y Gangnam a lo lejos.

Cómo desplazarse

Metro

Con la línea 6 es como mejor se llega a los barrios de Haebangchon, Itaewon y Hannam-dong; la estación de Hangangjin es la más cercana al Museo de Arte Leeum. Para el Centro Conmemorativo de la Guerra de Corea, hay que apearse en Samgakji, donde también se hace transbordo a la línea 4 para ir al Museo Nacional de Corea, el Museo Nacional del Hangeul o el parque Yongsan, todos situados a un corto paseo de la estación de Ichon.

Yongsan-gu.

★

LO MEJOR

Repasar el pasado del país en el **MUSEO NACIONAL DE COREA** (p. 98).

Darse un festín en el **MERCADO DE SINHEUNG** (p. 103).

Explorar el **MUSEO DE ARTE LEEUM** (p. 100).

Descubrir las tendencias de **GYEONGRIDAN-GIL** (p. 105).

Conocer el pasado en el **CENTRO CONMEMORATIVO DE LA GUERRA DE COREA** (p. 101).

A
B
C
D
1
2
3
4
5
6
7
8
NAMYEONG-DONG
Duteopbawi-ro
YONGSAN 2-GA-DONG
Namyeong
Hangang-daero
Cheongpa-ro
Wonhyo-ro
Manchocheon
1st Corps Boulevard
Baekbeom-ro
WONHYORO 1-DONG
Centro Conmemorativo de la Guerra de Corea
Samgakji
Itaewon-ro
Base militar de EE UU en Yongsan
Cheongpa-ro
39
16
Calle Yongridan
Hangang-daero
Yongsan
Saechang-ro
Hieutu
17
Sinyongsan
18
Museo de Arte Amorepacific
HANGANGRO-DONG
YONGSAN-GU
Hangang-daero
Jardín de Infancia Yongsan
Museo Nacional de Corea
9
10
Ichon
Parque Yongsan
Seobinggo-ro
Museo Nacional del Hangeul
Ichon-ro
Gangbyeonbuk-ro
ICHON 1-DONG
Parque fluvial de Hangang
6

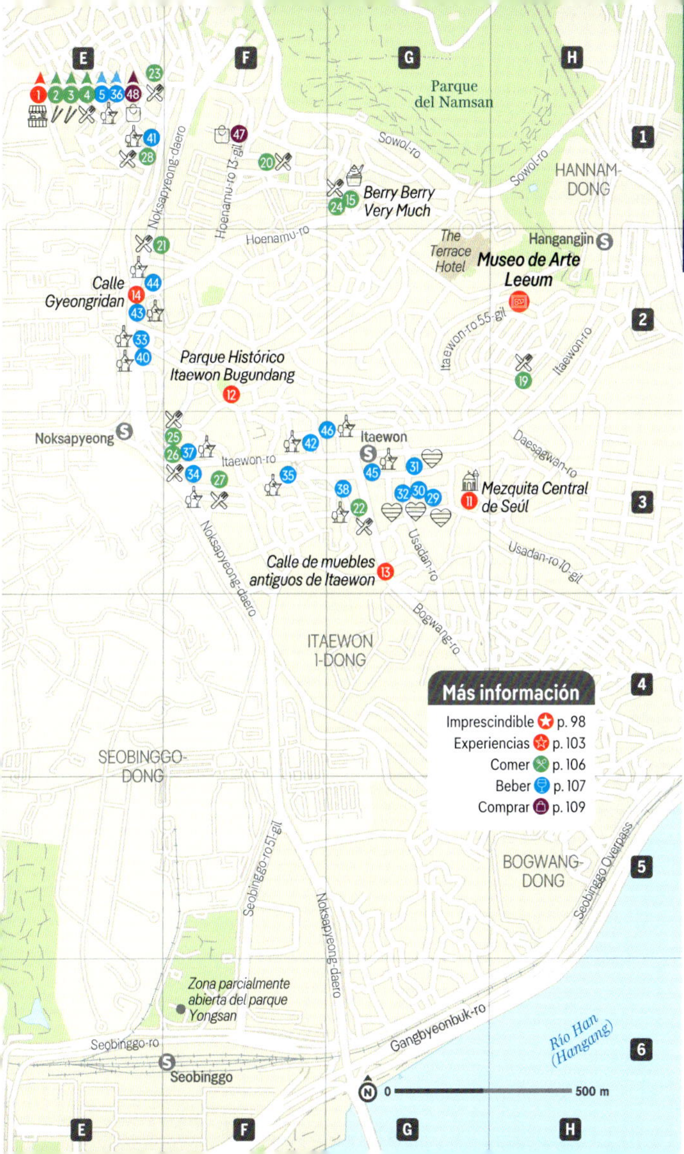
E
F
G
H
1
2
3
4
5
6
Parque del Namsan
Sowol-ro
HANNAM-DONG
Noksapyeong-daero
Hoenamu-ro 13-gil
Hoenamu-ro
Berry Berry Very Much
The Terrace Hotel
Hangangjin
Museo de Arte Leeum
Itaewon-ro 55-gil
Itaewon-ro
Calle Gyeongridan
Parque Histórico Itaewon Bugundang
Noksapyeong
Itaewon
Itaewon-ro
Daesagwan-ro
Mezquita Central de Seúl
Usadan-ro
Usadan-ro 10-gil
Calle de muebles antiguos de Itaewon
Bogwang-ro
ITAEWON 1-DONG
Más información
Imprescindible p. 98
Experiencias p. 103
Comer p. 106
Beber p. 107
Comprar p. 109
SEOBINGGO-DONG
BOGWANG-DONG
Seobinggo-ro 51-gil
Seobinggo Overpass
Zona parcialmente abierta del parque Yongsan
Seobinggo-ro
Seobinggo
Gangbyeonbuk-ro
Río Han (Hangang)
0
500 m

CIRCUITO A PIE

Por las callejas de Haebangchon

Encajonado entre Namsan e Itaewon se encuentra el pequeño barrio de Haebangchon, o “Pueblo de la Independencia”, repleto de sinuosas callejas sobre laderas con muchos lugares por descubrir. Desde mercados con solera hasta restaurantes emergentes, esta ruta, que en buena medida discurre en bajada, pasa por algunos de los mejores.

INICIO	FINAL	DURACIÓN
Undebt Cafe	Sinheung-ro	2,2 km; 1 h

1 Exploración urbana

Se empieza con un subidón de azúcar en el genuino **Undebt,** un café con paredes decoradas con piedras e iluminación tenue, que sirve una exquisita carta que incluye tres tipos de tiramisú y tentador helado de *brownie*.

2 Solemnes escaleras

Tras callejear, se va al este hasta una rotonda y se tuerce a la derecha para descender unas escaleras. Estos **108 escalones,** recordatorio de la ocupación, los construyeron los japoneses en 1943 para acceder a un santuario sintoísta al que estaban obligados a acudir los coreanos de la zona para asistir a las oraciones diarias. Cuando terminó la ocupación, el santuario fue demolido, pero las escaleras perduran.

3 Un alto para ver libros

No lejos queda **Storage Book & Film,** una coqueta tiendecita *indie* con una atractiva banda sonora ambiental y estanterías abarrotadas de tesoros.

4 Paseo por un mercado

Internándose en una maraña de callejas hacia el sureste aparece el **mercado de Sinheung** (p. 103), antiguo centro textil recientemente reconvertido en una zona de bares y restaurantes en boga. Junto a la esquina suroeste está la vinoteca Maju, con una gran mesa comunitaria de lo más tentadora y un bonito "sitio para besarse".

5 Carta para el recuerdo

Justo a las afueras del mercado, el pequeño café **Nuldam Space** lo mismo vende curiosos sobres con hojas como *lattes*. Si se escribe una carta y se sella con lacre, el café se encargará de enviársela al viajero o a alguno de sus acompañantes como recuerdo de su viaje a Seúl.

6 De camino al metro

De camino a la estación de Noksapyeong se pasa por **Sinheung-ro,** la calle principal de Haebangchon, jalonada de bares y restaurantes internacionales y un tramo con tarros de *kimchi* apilados.

CIRCUITO A PIE

Hannam-dong, siempre moderno

Mencionado en muchas películas, series y canciones coreanas de relumbrón, Hannam-dong es uno de los barrios del momento. Ubicado al otro lado del río desde Gangnam, en él residen estrellas del K-Pop como BTS, G-Dragon (de BigBang) o Jennie (de Blackpink). Este recorrido permite tomar el pulso a un enclave de lo más exclusivo.

INICIO	FINAL	DURACIÓN
Yongsan Art & Craft Center	Hyundai Card Music Library	3,1 km; 1¼ h

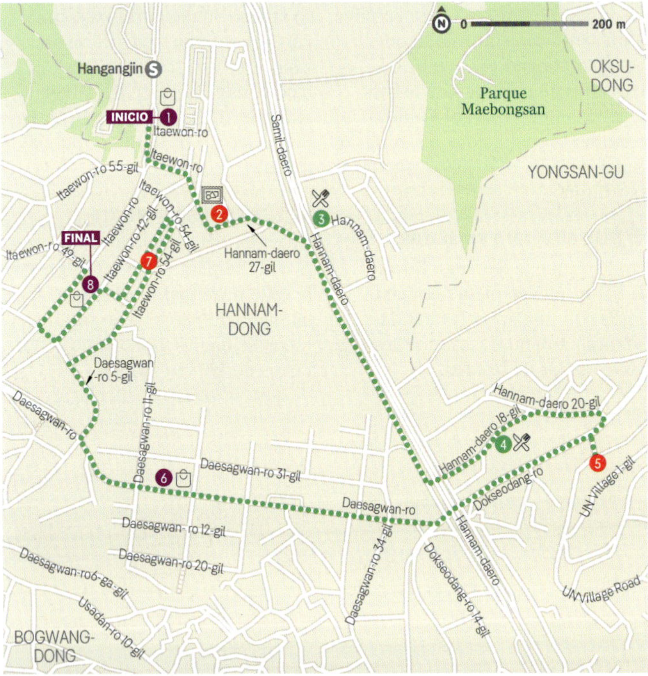

1 Artesanía coreana

Se empieza en el **Yongsan Art & Craft Center,** con una bonita tienda en la planta baja en la que no faltan versiones modernas de manualidades, como *hanji* (papel tradicional) y cerámica. Arriba hay talleres y un pequeño espacio de exposiciones.

2 En clave de arte

En las callejas a la izquierda de la calle principal se revelan varias galerías, a destacar **Amidi Hannam** y **Hippie Hannam.**

3 Asombrosa arquitectura

Al otro lado de Hannam-daero se verá un psicodélico edificio blanco: una estructura modular de hormigón diseñada por Kim Chan-joong, de System Lab. Otrora la sede de Hands Corporation, hoy acoge la exclusiva marisquería **Eo Mul Jeon Hannam.**

4 Benditas tartas

Más adelante se encuentra **Tartine,** una panadería originaria de San Francisco, conocida por su tarta de nueces pecanas, tartaletas de crema y demás tentaciones. Este es su local insignia, pese a contar con otros repartidos por la ciudad.

5 'Paparazzi' del K-Pop

Cerca se halla **UN Village,** el lujoso complejo residencial en el que viven numerosas celebridades coreanas. Esta glamurosa zona incluso da nombre a una canción de BaekHyun (miembro del grupo EXO).

6 El sonido de las compras

Volviendo al oeste por Daesagwan-ro se para en **Sounds Hannam,** un fastuoso centro comercial con *boutiques* de moda, sitios para comer y un bar de *jazz.*

7 Pausa para el café

Tras descender la calle y torcer a la derecha, merece la pena recorrer la **calle de las cafeterías de Hannam-dong,** un atractivo tramo en el que, además de cafés, hay restaurantes, *boutiques* y bares. Las especialidades del popular **Post Poetics** son el arte extranjero y los libros de diseño.

8 Colofón musical

Hay que abrir bien los ojos y estar atento para no pasar por alto unas escaleras que conducen a la vía principal, Itaewon-ro. Una vez arriba, a la vuelta de una esquina, se ven la **Hyundai Card Music Library** y la contigua Vinyl & Plastic, que ofrecen un ambiente relajado ideal para sentarse a escuchar y disfrutar de una selección de vinilos. Su enorme colección –compuesta por más de 10 000 vinilos de diversos géneros– comprende desde *hip-hop* coreano y clásicos pop hasta algunas joyas raras.

★ IMPRESCINDIBLE

Museo Nacional de Corea

En el extremo sur del parque Yongsan, junto a la estación de Ichon, se sitúa el Museo Nacional de Corea –el más visitado del país–, que ocupa un mastodóntico complejo modernista revestido de mármol, cuyas tres plantas de exposiciones permanentes custodian unos 270 000 tesoros culturales que van desde la prehistoria hasta la era Joseon.

PLANO: P. 92 **D5**

CONSEJO
La entrada a las exposiciones especiales cuesta la mitad el Día de la Cultura (último miércoles de mes); el Museo Infantil es siempre gratis, pero se ha de reservar previamente.

Escanea este código QR para precios, horarios y demás.

Exposiciones

En las salas de la planta baja no hay que perderse los **Tesoros Dorados del Gran Sepulcro de Hwangnam,** una delicada corona y un cinturón cuajados de jades, engastados durante el reino de Silla (s. v); el **quemador de incienso de Baekje,** una pieza metálica decorativa que ejemplifica el talento artístico del reino de Baekje; o la **pagoda de 10 niveles** del templo de Gyeongcheon (dinastía Goryeo).

La **Sala de la Contemplación Silenciosa,** en la 2ª planta, contiene el **'bodhisattva' pensativo** (s. VII). En la galería de escultura y artesanía de la 3ª planta espera la belleza asimétrica de la **Jarra Lunar,** una vasija de porcelana de la dinastía Joseon (s. XVIII). También hay varias **galerías digitales inmersivas** con proyecciones de cuadros y reproducciones en 3D de objetos culturales.

Los circuitos en inglés (1 h) salen del vestíbulo a diario a las 10.30 y 13.00. La *app* del museo es una excelente audioguía.

Otros alicientes

Completan el museo la **Galería de Exposiciones Especiales** (pago extra) y el **Museo Infantil,** con muchas propuestas interactivas y zonas de juegos.

ELEANOR SCRIVEN/SHUTTERSTOCK ©

Cuando más se disfruta de la parte exterior del recinto es con buen tiempo, pues la **Gran Sala** se refleja perfectamente en el enorme **Estanque Espejo** (foto) y, desde la terraza del museo, se alcanza a ver la **Oficina del Presidente.**

Museo Nacional del Hangeul

En el extremo sureste del recinto se halla el museo dedicado al *hangeul* (el alfabeto y sistema de escritura coreano), cuya sala de exposiciones permanentes representa una oda al **'Hunminjeongeum',** el libro que recoge los principios de dicha escritura, mientras que en su sala de exposiciones especiales se exhiben obras de arte contemporáneo que destacan por su impacto cultural. Se organizan circuitos en inglés *(14.00 y 15.00, mi).*

UNA PAUSA

Si apetece hacer un pícnic en el parque, hay una tiendecita próxima a la entrada principal; el interior del complejo cuenta con varios cafés y restaurantes.

★ IMPRESCINDIBLE

Museo de Arte Leeum

En medio de un lujoso barrio residencial aferrado a la frondosa ladera sur del Namsan se localiza el Museo de Arte Leeum, la primera galería de arte del país. De impresionante diseño y disposición, conjuga el arte tradicional coreano con el moderno y contemporáneo en los tres edificios que lo integran.

PLANO: P. 92 **H2**

CONSEJO

Aunque las entradas se pueden comprar o reservar en el museo, si se prevé acudir durante las horas de mayor afluencia, convendrá reservarlas en línea (hasta con 14 días de antelación). El último miércoles de mes (Día de la Cultura en Corea) se consiguen a mitad de precio.

Escanea este código QR para precios, horarios y demás.

Arte tradicional coreano

El Museo 1, o **M1,** es una fortaleza de terracota del arquitecto suizo Mario Botta, con cuatro plantas llenas de pintura coreana, caligrafía, cerámica, arte budista y artesanía en metal y madera, que abarcan las dinastías Goryeo y Joseon. Tras subir a la planta superior en ascensor, se desciende progresivamente por unas escaleras de caracol bañadas en luz natural hasta llegar a una instalación luminosa de Olafur Eliasson.

Arte moderno y contemporáneo

El **M2,** una herrumbrosa estructura de acero inoxidable diseñada por el arquitecto francés Jean Nouvel, exhibe cuadros, esculturas e instalaciones realizadas a principios y mediados del s. XX por aclamados artistas patrios e internacionales, como Nam June Paik, Kim Whan-ki, Salvador Dalí, Jean-Michel Basquiat, Cecily Brown, Damien Hirst y Jeff Koons. El tercer espacio, del arquitecto holandés Rem Koolhaas, es un **centro cultural** que alberga exposiciones, en su mayoría de pago. También hay instalaciones de arte fuera.

Audioguía e instalaciones

Pese a estar suspendido el programa docente, es muy recomendable la audioguía digital gratuita (previo depósito de un documento identificativo). Hay también una linda tienda de regalos y un café.

★ IMPRESCINDIBLE

Centro Conmemorativo de la Guerra de Corea

El colosal Centro Conmemorativo de la Guerra de Corea es un museo de tres plantas que documenta la historia bélica de la península coreana poniendo especial énfasis en la guerra de Corea (1950-1953), ilustrada mediante fotografías, vídeos, maquetas y muestras multimedia, amén de los objetos donados por más de un millar de particulares.

Salas interiores

La visita comienza con la invasión sorpresa lanzada de madrugada por Corea del Norte y termina con la firma del armisticio. En la 3ª planta puede verse una reproducción del **cementerio de la ONU en Busan.** Otras exposiciones versan sobre la participación del país en la guerra de Vietnam, los ataques dirigidos por el Norte hacia el Sur desde 1953, y el papel de Corea en las misiones de paz de la ONU.

En la 1ª planta se relatan las antiguas batallas libradas contra ejércitos invasores mongoles, japoneses y chinos. También hay una réplica de uno de los “barcos-tortuga” del almirante Sun-sin (llamados *geobukseon*), utilizados en la década de 1950 para derrotar a la Armada japonesa.

Salas exteriores

Fuera se exhiben tanques, helicópteros, misiles y aeronaves, incluido un enorme bombardero B-52. Entre los monumentos que simbolizan las esperanzas de reunificación de los coreanos figuran la **estatua de los Hermanos,** de 11 m de altura, que plasma la historia de dos hermanos que lucharon en bandos contrarios y coincidieron en el campo de batalla. También hay un museo infantil que narra la historia bélica de Corea presentando los héroes nacionales.

PLANO: P. 92 **C2**

CONSEJO
De la **2ª planta** salen circuitos guiados gratuitos (1 h, 10.00 y 14.00, diario).

Escanea este código QR para precios, horarios y demás.

★ IMPRESCINDIBLE

Parque Yongsan

En manos extranjeras desde antiguo, Yongsan (colina del Dragón) es hoy uno de los mayores espacios verdes de la capital, y después de que la antigua base militar de EE UU ocupara buena parte de su superficie, puede decirse que está volviendo paulatinamente a sus verdaderos dueños: el pueblo coreano.

PLANO: P. 92 **D5**

CONSEJO
El enclave puede visitarse de martes a sábado *(9.00-18.00, última entrada 17.00).*

Escanea este código QR para precios, horarios y demás.

Configuración del terreno

Seccionada por una importante avenida y accesible parcialmente, este descomunal pulmón sigue teniendo muchas zonas cercadas con alambre de espino.

El Centro Conmemorativo de la Guerra de Corea se sitúa en la sección norte, junto a la parte de la base militar que todavía permanece cerrada, al este. Enfrente está la actual **Oficina del Presidente,** que hoy ocupa la antigua sede del Ministerio de Defensa y hasta el 2022 era la Casa Azul.

Al sur hay una franja de parque público que abarca el **parque familiar de Yongsan** –con esculturas, zonas de pícnic, un sendero para caminar descalzo y el **monumento a la Bandera de Corea (Taegeukgi)**– y el **jardín infantil de Yongsan.** Entre ambos se ubican el Museo Nacional y el Museo del Hangeul, mientras que en el extremo sureste del parque Yongsan está el Partially Open Site (zona parcialmente abierta).

Lugar parcialmente abierto

Desde la salida 1 de la estación de Seobinggo se llega a lo que en su día fueron las dependencias de los oficiales estadounidenses, quienes residieron aquí hasta el 2018, cuando la guarnición de Yongsan se trasladó a Pyeongtaek. Esta antigua zona residencial –una suerte de EE UU en miniatura, llena de viviendas de baja altura y señalizaciones en inglés– permite asomarse a un lugar secreto durante décadas.

EXPERIENCIAS

Callejear por el mercado de Sinheung

MERCADO

PLANO: 1 P. 92 **E1**

En las calles traseras de las laderas de Haebangchon se esconde el viejo mercado de Sinheung, de atractivo renovado. Especializado en artículos textiles de la década de 1960, ha renacido en un animado espacio cultural lleno de restaurantes de alta cocina, bares de azotea, y enotecas y coctelerías de ambiente íntimo. **Ginn-Laoo** (PLANO: 2 P. 92 **E1**) y **Pad Kapaw** (PLANO: 3 P. 92 **E1**), un par de restaurantes capitaneados por Sriprateep Paw, sirven auténtica cocina del norte de Tailandia, mientras que **Sowol Sotbap** (PLANO: 4 P. 92 **E1**) seduce con sus irresistibles cazuelas de arroz. Más difícil de encontrar es **Karma** (PLANO: 5 P. 92 **E1**), un establecimiento situado tras una puerta de madera y sin letrero, que presume de una impresionante relación de cócteles.

Ver las esculturas del Parque de Arte Ichon Hangang

ESCULTURA

PLANO: 6 P. 92 **B6**

A la vera del río, en este espacio de arte al aire libre se encuentra la enorme escultura blanca *Historias que fluyen*, de 8 m de alto y en forma de espiral. El visitante disfrutará caminando entre las obras de arte diseminadas por el parque, que nacieron tras convocarse un concurso público que desafiaba a los artistas a imaginar la comunicación emocional a través del prisma del "permanecer" y el "fluir", fundamentado en el concepto del "descanso activo". Cruzando la calle hay un encantador sendero bordeado de bambú y con bancos para sentarse y ponerlo en práctica. En sentido contrario, tendido sobre el río, se observa uno de los puentes más antiguos de la capital: el **puente ferroviario de Hangang,** una obra de arte de lo más visionaria, teniendo en cuenta que data de 1900.

Conocer a los activistas de la independencia de Corea

MUSEO

PLANO: 7 P. 92 **A1**

Consagrado tanto a Kim Koo como a la independencia y el movimiento de reunificación de Corea, el **Museo Kim Koo** (PLANO: 8 P. 92 **A1**), ubicado en el parque Hyochang, documenta los humildes orígenes, la creciente importancia y el asesinato del conocido activista, a través de objetos personales, antes de visitar su sepulcro. También aquí yacen sus compatriotas Lee Bong-chang, Yun Bong-gil y Baek Jeong-gi, en lo que se conoce como las **Tumbas de los Tres Mártires;** y hay una tumba vacía asignada a Ahn Jung-geun, cuyos restos aún no se han encontrado. Resulta muy agradable pasear por los verdes senderos de este parque (patrimonio cultural), pasando junto al principal estadio de fútbol del país y demás instalaciones deportivas.

Dar marcha atrás en el paso a nivel de Baekbin ENCLAVE

PLANO: 9 P. 92 **A5**

La nostalgia resuena cada vez que circula un tren por el paso a nivel de Baekbin, que atraviesa una vieja zona urbana, dando a la calle su apodo de *"ttaeng ttaeng!"*. Popularizado por la serie coreana *My Mister,* se trata de uno de los pocos cruces ferroviarios de Seúl aún en funcionamiento. Para hacerse una idea de cómo era la ciudad antiguamente, no hay como acercarse al tren (uno sabrá que está en el lugar correcto cuando vea un grupito de gente sacándose fotos) y pasear por las callejas aledañas. Contribuyen a la añoranza por el pasado un estudio fotográfico de ferrotipos y, entre otras joyas ocultas, varios restaurantes italianos y cafés para tomar postres, como **Ayheya Seoul** (PLANO: 10 P. 92 **A5**), perfecto para acompañar *hotteok* (tortitas) con un rico café.

Ahondar en la comunidad musulmana MEZQUITA

PLANO: 11 P. 92 **G3**

Con dos minaretes gemelos elevándose sobre la "colina Halal", la **Mezquita Central** (la única de Seúl), puntal de la comunidad islámica local, se asienta entre restaurantes árabes, mercados de abastos y demás comercios. Abierta a fieles y visitantes, se inauguró en 1976 y es la sede de la Asociación Musulmana de Corea (1ª planta), con sala de oraciones para hombres y mujeres (2ª y 3ª planta, respectivamente). Además de ser un lugar de culto, aspira a instruir al público en general; menos del 1% de la población del país es musulmana, en su mayoría inmigrantes.

Ver anochecer en el Parque Histórico Itaewon Bugundang SANTUARIO

PLANO: 12 P. 92 **F2**

A pesar de que casi siempre están cerradas las puertas del santuario de Bugundang, los vecinos saben que vale la pena visitar el diminuto Parque Histórico Itaewon Bugundang –en lo alto de una colina– por tratarse de uno de los mejores sitios para ver la puesta de sol sobre la torre N Seoul (p. 60), sobre todo desde que en 1917 se trasladara aquí un altar de 1619 traído del monte Namsan. El recinto acoge, además, un monumento a Ryu Gwan-sun, una de las activistas cristianas por la independencia más representativas del país, que murió con solo 17 años mientras estaba encarcelada por los japoneses.

Peinar la calle de muebles antiguos de Itaewon ZONA COMERCIAL

PLANO: 13 P. 92 **G3**

Este tramo de 1 km, que se extiende por Bogwang-ro y Noksapyeong-daero, es, desde la década de 1990, destino obligado para los entusiastas tanto de los muebles de anticuario como de los platos, cuadros, lámparas y demás objetos decorativos y curiosidades de época. Entre las docenas de tiendas que aguardan en esta emblemática calle destacan **Shim's Antique, Queens Antique, Vintage More, Daedong Antiques** y **Notting Hill.**

Recorrer Gyeongridan CALLE

PLANO: 14 P. 92 **E2**

A raíz de su historia como zona residencial de extranjeros vinculados al ejército de EE UU, la calle Gyeongridan se perfiló como un lugar exótico que hoy sigue siendo un punto de encuentro de expatriados gracias a sus muchos restaurantes y bares internacionales y a las embajadas que jalonan sus empinadas calles. Subiendo hacia el Grand Hyatt, en lo alto de la colina, se verán muchos de cafés y *boutiques* escondidos, como el espléndido **Berry Berry Very Much** (PLANO: 15 P. 92 **G1**), cuya vívida decoración no dejará a nadie indiferente. Tras cruzar la calle y desandar el camino por la acera contraria, ascender la pronunciada Gyeongridan-gil puede parecer una caminata en toda regla, lo que anima a terminar en Mr Ahn's Craft Makgeolli (p. 108) o en Namsan Sool Club (p. 108), famosos por su *makgeolli* (vino de arroz), la bebida por antonomasia de los senderistas coreanos.

Rumbo a Yongridan CALLE

PLANO: 16 P. 92 **C3**

Un par de manzanas al este de la calle principal se encuentra la popular calle Yongridan, entre las estaciones de Sinyongsan y Samgakji. Empezando en su extremo norte, cerca de la salida 3 de Samgakji, se avanza hacia el sur. Por el camino aparece la surtidísima **More Than Whisky;** el **Teddy Beurre House,** un café-panadería abarrotado de ositos de peluche; y el elogiado restaurante vietnamita **Hieutu** (PLANO: 17 P. 92 **B4**). Junto al extremo de la calle está el **Museo de Arte Amorepacific** (PLANO: 18 P. 92 **B4**), un espacio de arte contemporáneo en el sótano de un edificio de oficinas.

ACERCA DEL SUFIJO -RIDAN

Cada vez es más habitual en Corea apodar las calles de moda con el topónimo formado por el nombre del barrio en que se encuentran más el sufijo -ridan. Desde **Yongridan,** en Yongsan, a **Songridan,** en Songpa (p. 60), pasando por **Mangridan,** en Mangwon (p. 84), estas calles del momento destacan por su cartel como lugares en boga, ya sea por su oferta comercial, gastronómica o de bares. Todo empezó con Gyeongridan, la primera calle compuesta del país, que debe su nombre a la Army Financial Management Corp (Yukgunjungang Gyeongnidan, en coreano), en el extremo inferior de la calle.

SUGERENCIAS

Lo mejor para...

Ⓦ Económico ⓌⓌ Medio ⓌⓌⓌ Alto

Localizaciones en el plano de la **p. 92**

Comer

Desayuno y 'brunch'

Summer Lane ⓌⓌ
19 H2
Popular café australiano en Hannam-dong, que encandila con sus *brunches*. Pruébense los huevos benedictinos con salmón. *7.30-18.00*

Sunday Arvo ⓌⓌ
20 F1
Luminoso local de *brunch* con innovadoras versiones de clásicos de desayuno, más sándwiches, sopas y ensaladas. *9.00-18.00*

Baker's Table ⓌⓌ
21 E2
Consolidada panadería de gestión alemana que sirve desayunos, sándwiches, *schnitzels* y *bratwursts*. Puede probarse gratis su amplia selección de repostería dulce y salada. *8.00-21.00*

Vegana

Plant ⓌⓌ
22 G3
Recetas de calidad (p. ej., fideos soba con sésamo y cacahuetes) en una de las primeras direcciones de cocina vegana de Seúl, ahora con un segundo local en Yeonnam. *11.00-15.00 y 17.00-22.00 ma-do*

Vegetus ⓌⓌ
23 E1
Uno de los veganos favoritos de HBC, con un simpático personal y una carta de platos occidentales, como hamburguesas, panini, lasaña y demás pastas. *12.00-15.00 y 17.00-21.30*

Lazy Farmers ⓌⓌⓌ
24 G1
Oasis de verdor a un paso de la calle principal, de ambiente recoleto y sereno. La carta consta principalmente de *pizzas*, pastas y una sopa de cebolla muy apreciada. *11.30-15.00 y 17.00-20.30 lu-vi, 11.30-20.30 sa y do*

Norteamericana

Rocka Doodle Ⓦ
25 F3
Auténtico y delicioso pollo frito al estilo de Nashville. Solo hay que elegir un sándwich y el grado de picante. Se llevan la palma el Grandpa y, para dos, el Grandma's Revenge. *11.30-14.30 y 17.00-21.00 lu-sa*

Gino's NY Pizza ⓌⓌ
26 F3
De su exitosa cocina salen *pizzas* estilo Nueva York y entrantes como alitas de pollo picantes y al ajillo. Descuento en pedidos para llevar. *11.30-15.00 y 17.00-22.00 lu-vi, 11.30-22.00 sa y do*

Linus' BBQ ⓌⓌⓌ
27 F3
Su pecho de ternera y cerdo mechado –con ensalada de col, puré de patata y otras guarniciones– se cuentan entre los platos de barbacoa más sabrosos de Seúl. Ambiente apacible, estética industrial y una buena gama de cerveza artesana ponen la guinda.

12.00-15.00 y 17.00-21.00 lu-vi, 12.00-22.00 sa y do

Magrebí

Morococo Cafe ₩₩
28 E1
Las especias se emplean sin miedo en este local que sirve una acotada carta con platos como tajín de kefta de cordero, pollo con limón en conserva o el imprescindible Morocco Over Rice (langostinos, cordero, pollo u opción vegana sobre arroz y verduras). *12.00-22.00 ma-do*

Casablanca Sandwicherie ₩
véase 28 E1
Llevado por la misma gente que el Morococo (enfrente), aquí venden medias barras de pan rellenas con generosas raciones de pollo marroquí, chile de cordero, gambas picantes, tortilla francesa o verduras. Tan rico como pringoso. *12.00-22.00 ma-do*

Beber

LGTBIQ+

Why Not
29 G3
En la colina Homo, no hay mejor sitio para hacer la previa antes de ir de fiesta por los clubes de la zona. Se recibe muy bien a los foráneos. *20.30-2.00 do y ju, hasta 5.00 vi y sa*

Trance
30 G3
Famoso por sus espectáculos de *drags* a las tantas, este pequeño club instalado en un sótano es un referente de la noche de Homo desde hace tres décadas. *22.00-5.00 ju-sa, espectáculos 1.00 y 3.00*

Queen
véase 30 G3
La incontestable y legendaria “Reina” de Homo triunfa por su ambiente vibrante y social y sus bailables temas K-Pop. *23.00-6.00 vi y sa*

Kockiri
31 G3
Bar gay de moda que apunta a una clientela diversa con su música disco y presume de una preciosa terraza. *Horario variable*

Bottoms Up
32 G3
Bar ubicado en un 2° piso con espectaculares vistas de las calles aledañas, enfrente del Foreign Food Mart. *20.00-3.00 vi, hasta 4.00 sa*

Rabbithole Arcade Pub
véase 41 E1
Bar en un 2° piso con espectaculares vistas de la calle, enfrente del Foreign Food Mart. *20.00-3.00 vi, hasta 4.00 sa*

Bares de azotea

Southside Parlor
33 E2
Pionero de la fiebre de Seúl por los cócteles, de gran aceptación por sus magníficos tragos, tentempiés de estilo texano y tremenda azotea. *18.00-24.00 do y ma-ju, hasta 2.00 vi y sa*

Blacklist
34 F3
En un 3er piso, perfecto para escapar del trasiego callejero de Itaewon con un old fashioned, martini u otro cóctel de primera; hasta el cierre, sirve una selección de charcutería. *18.00-2.00*

Casa Corona
véase 45 G3
Excelente bar de azotea llamado así por la marca de cerveza. El Moscow mule es una buena alternativa a la bebida imperante. Sus DJ y actuaciones en directo lo convierten en un sitio genial para salir de fiesta. *18.00-2.00 do, mi y ju, hasta 3.00 vi y sa*

Ugly Society
35 F3

Divertida rareza en un ático que sirve potentes bebidas acompañadas de formidables vistas de los contornos. *17.00-1.00*

Cócteles y combinados

Gil Bar Dak
36 E1

Escondida en una galería del mercado de Sinheung aguarda esta acogedora propuesta que gustará por sus cócteles de autor y el adorable perro blanco que ejerce de anfitrión. *19.00-3.00 ju-lu*

DRESSER
37 F3

Exclusiva coctelería de elegante interior con reminiscencias a la Inglaterra victoriana. Aquí no se sirve cerveza; solo cócteles de categoría. En sus aledaños se rodaron escenas de la famosa serie *Itaewon Class*. *18.00-2.00 mi-lu*

CrownB Bar
38 G3

Arañas de luces y neones iluminan esta ecléctica apuesta con un bar al aire libre que da a la calle y una banda sonora de *hip-hop* de la década de 1990. *19.00-2.00 do y ma-ju, hasta 4.00 vi y sa*

VIBD BLVD
39 C3

En un 2ª piso, cerca de la estación de Samgakji, se esconde este bar retro de ambiente impecable, con un interior de madera oscura e iluminación tenue: una opción fantástica para iniciar la noche combinado en mano. *20.30-1.00 ma-do*

Coley
40 E2

Fantástica propuesta con ricos tentempiés, ideal para tomar algo entre Haebangchon e Itaewon. *19.30-3.00 do y ma-ju, hasta 3.30 vi y sa*

Social Haven
41 E1

Punto de encuentro imperecedero entre los expatriados de HBC, con el *spritz* por bandera, se llena a partir de las 21.00, cuando la clientela se desparrama por la calle. *18.00-2.00 lu-vi, 16.00-3.00 sa, 16.00-2.00 do*

Sunset Beach
42 F3

Pese a no haber rastro ni de la playa ni de la puesta de sol, este bareto en una calleja cerca del metro es genial para darse un respiro en medio de Itaewon saboreando un cóctel mientras se mira a la gente. *19.00-2.00 do-ju, hasta 4.00 vi y sa*

'Makgeolli' y 'soju'

Namsan Sool Club
43 E2

Moderno bar que tienta con licores tradicionales coreanos con un toque diferente; su formidable selección incluye más de 100 variedades de *makgeolli* y *soju:* los destilados preferidos del país. *18.00-1.00 lu y mi-vi, desde 16.00 sa y do*

Mr Ahn's Craft Makgeolli
44 E2

Un lugar de primera para probar diferentes tipos de *makgeolli* servidos con *anju* (picoteo con el que se acompaña a las bebidas alcohólicas) en una versión superior del clásico bar tradicional coreano. *18.00-24.00 do-ju, hasta 2.00 vi y sa*

Bares de cachimbas

Lit Lounge
véase 34 F3

Luz tenue, ambiente inclusivo y personal accesible explican que se haya convertido en el bar predilecto de muchos extranjeros. Ideal para bailar. *20.00-1.00 mi y ju, hasta 4.00 vi y sa, 19.00-24.00 do*

hype

véase 34 F3

Distendido bar de azotea con gran variedad de sabores para *narguile* y un amabilísimo personal. *19.00-1.00 ma-ju, 18.00-3.00 vi, 19.00-3.00 sa, 18.00-1.00 do*

Clubes y discotecas

Cakeshop

véase 34 F3

Reputado club pequeño de Itaewon que lleva más de una década desempeñando una gran labor en el frente musical: suenan de nuevos talentos a géneros menos habituales, pasando por grupos internacionales de gira. *22.00-6.00 vi y sa*

Faust / Tanz Bar

45 G3

El lugar de elección para los amantes del *techno:* quizá la música sea oscura, pero el ambiente es genial y la fiesta no decae hasta el alba. *23.00-6.00 vi y sa*

Fountain

46 G3

Complejo de ocio en varias plantas: en la 1ª se baila al son de temas comerciales; en la 2ª hay juegos; y en la 3ª, una sala VIP. En horas punta no cabe un alfiler. *18.00-3.00 do-mi, hasta 6.00 ju-sa*

Comprar

Coleccionables singulares y menaje

BOMARKET

47 F1

Con varias ubicaciones en Yongsan-gu, esta tienda de utensilios de cocina y artículos para el hogar de lo más *kitsch* vende diseños modernos y llamativos, ideales para añadir una nota de color a la vida. *10.00-19.00*

Cat Allergy

48 E1

Delirante tienda de artículos coleccionables de temática gatuna, a tope de cachivaches singulares y disparatados que nadie pensaría que necesita; aseguradas las sonrisas. *14.00-20.00 lu, mi y ju, desde 12.00 vi-do*

Sugerencias de lugares para comer y beber en **p. 126**

Explora Gangnam y sur de Seúl

Del centro comercial Starfield COEX a las exclusivas *boutiques* y marcas de lujo de Sinsa-dong y Cheongdam-dong, las opciones son casi infinitas en el deslumbrante paraíso de las compras de Gangnam (que significa "al sur del río"). También, entre rascacielos, cabe esperar remansos de paz, como el Bongeun-sa (uno de los templos más antiguos de Seúl) y las tumbas reales de la era Joseon. Songpa-gu, al este, promete más reliquias del pasado, además del Lotte World y el enorme pulmón verde del Parque Olímpico. Hacia el oeste se revela el sobresaliente Centro de las Artes de Seúl, que acoge exposiciones y actuaciones.

Cómo desplazarse

Metro

La línea 2 traza un bucle del norte al sur del Han. Para Lotte World hay que apearse en Jamsil, en el Complejo de Deportes para el estadio Jamsil, y en Samseong para el centro comercial Starfield COEX. La línea 3 va al Centro de las Artes de Seúl (oeste) y al barrio de Sinsa-dong (este), desde donde hay un corto paseo hasta Cheongdam-dong. La línea 9 conecta con el Bongeun-sa y el Parque Olímpico.

Bongeun-sa (p. 119).

MAREMAGNUM/GETTY IMAGES ©

LO MEJOR

Ver las antiguas fortificaciones del **PARQUE OLÍMPICO** (p. 121).

Tomar té con los monjes del **BONGEUN-SA** (p. 119).

Asistir a un partido de béisbol coreano en el **ESTADIO JAMSIL** (p. 123).

Contemplar las vistas desde la **TORRE LOTTE WORLD** (p. 120).

Comprar hasta hartarse en el **CENTRO COMERCIAL STARFIELD COEX** (p. 118).

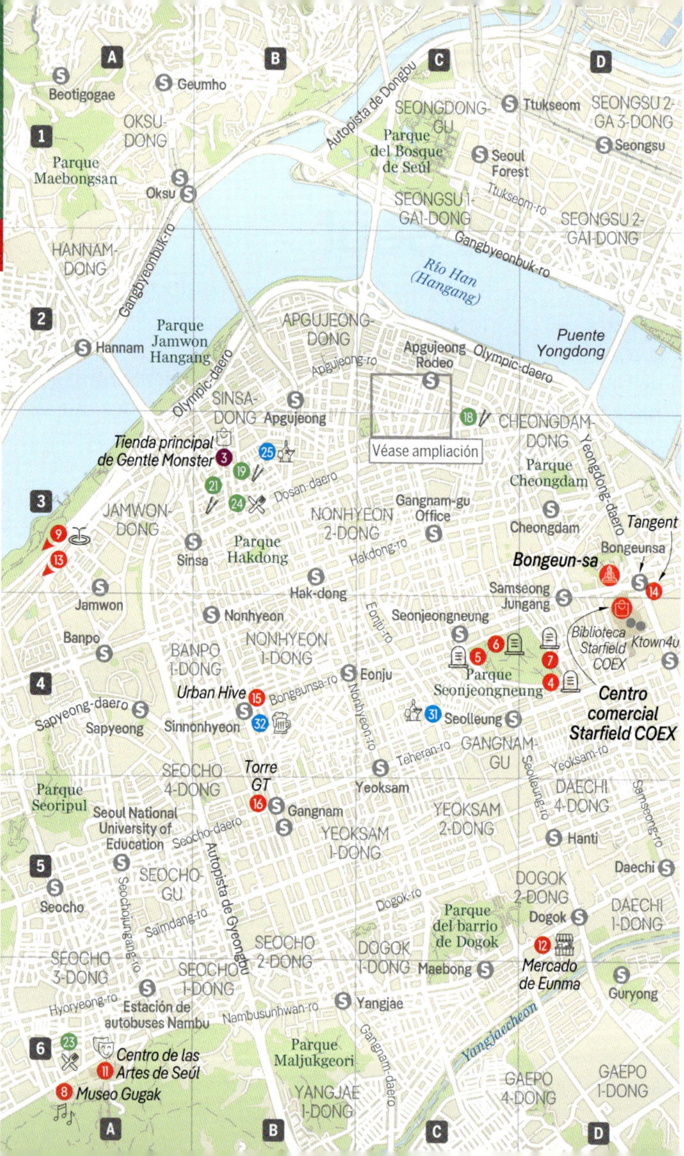
A
B
C
D
1
2
3
4
5
6
Beotigogae
Geumho
OKSU-DONG
Parque Maebongsan
Oksu
HANNAM-DONG
Gangbyeonbuk-ro
Autopista de Dongbu
SEONGDONG-GU
Parque del Bosque de Seúl
Ttukseom
SEONGSU 2-GA 3-DONG
Seongsu
Seoul Forest
Ttukseom-ro
SEONGSU 1-GA 1-DONG
SEONGSU 2-GA 1-DONG
Gangbyeonbuk-ro
Río Han (Hangang)
Hannam
Parque Jamwon Hangang
APGUJEONG-DONG
Apgujeong-ro
Apgujeong Rodeo
Olympic-daero
Puente Yongdong
Olympic-daero
SINSA-DONG
Apgujeong
Véase ampliación
CHEONGDAM-DONG
Tienda principal de Gentle Monster
Parque Cheongdam
Yeongdong-daero
Dosan-daero
JAMWON-DONG
NONHYEON 2-DONG
Gangnam-gu Office
Cheongdam
Tangent
Sinsa
Parque Hakdong
Hakdong-ro
Bongeunsa
Bongeun-sa
Jamwon
Hak-dong
Samseong Jungang
Nonhyeon
Seonjeongneung
Eonju-ro
Biblioteca Starfield COEX
Ktown4u
Banpo
BANPO 1-DONG
NONHYEON 1-DONG
Parque Seonjeongneung
Eonju
Bongeunsa-ro
Urban Hive
Centro comercial Starfield COEX
Sapyeong-daero
Sapyeong
Sinnonhyeon
Nonhyeon-ro
Seolleung
GANGNAM-GU
Teheran-ro
Yeoksam-ro
SEOCHO 4-DONG
Torre GT
Yeoksam
DAECHI 4-DONG
Parque Seoripul
Seoul National University of Education
Gangnam
YEOKSAM 2-DONG
Seolleung-ro
Samseong-ro
Seocho-daero
YEOKSAM 1-DONG
Hanti
SEOCHO-GU
Daechi
Seocho
Seochojungang-ro
DOGOK 2-DONG
Dogok-ro
DAECHI 1-DONG
Saimdang-ro
Autopista de Gyeongbu
Parque del barrio de Dogok
Dogok
SEOCHO 3-DONG
SEOCHO 2-DONG
DOGOK 1-DONG
Maebong
Mercado de Eunma
SEOCHO 1-DONG
Guryong
Hyoryeong-ro
Estación de autobuses Nambu
Nambusunhwan-ro
Yangjae
Gangnam-daero
Yangjaecheon
Centro de las Artes de Seúl
Parque Maljukgeori
Museo Gugak
YANGJAE 1-DONG
GAEPO 4-DONG
GAEPO 1-DONG

Más información
Imprescindible p. 118
Experiencias p. 123
Comer p. 126
Beber p. 127
E
F
G
H
1
2
3
4
5
6
Apgujeong Rodeo
Seolleung-ro 161-gil
Apgujeong-ro
Eonju-ro 172-gil
Apgujeong-ro 48-gil
Apgujeong-ro 54-gil
Seolleung-ro 162-gil
Seolleung-ro
Apgujeong-ro 60-gil
Eonju-ro 168-gil
Seolleung-ro 157-gil
Seolleung-ro 155-gil
Seolleung-ro 158-gil
Dosan-daero 49-gil
Seolleung-ro 153-gil
Parque Dosan
0 200 m
22
29
34
28
26
33
17
27
30
35
Parque Ttukseom Hangang
Gangbyeonbuk-ro
Puente Olímpico
Parque Gwangnaru Hangang
PUNGNAP 2-DONG
Gangdong-gu Office
Olympic-ro
Puente Jamsil
Seongnaecheon
Parque Jamsil Hangang
JAMSIL 4-DONG
Parque Olímpico
Jamsillaru
Complejo Deportivo de Seúl
JAMSIL 2-DONG
Olympic-daero
Songpa-daero
JAMSIL 6-DONG
Mongchontoseong
JAMSIL 3-DONG
SOMA
Centro comercial Lotte World
Hanseong Baekje
Estadio de béisbol Jamsil
Jamsilsaenae
Jamsil
Museo Baekje de Seúl
Torre Lotte World
Sports Complex
Parque Asiático
Olympic-ro
Lotte World
Lago Seokchon
Songpanaru
Samseong
JAMSIL 7-DONG
Lotte World Adventure y Magic Island
Seokchonhosu-ro
SONGPA 1-DONG
Samjeon
JAMSILBON-DONG
Seokchon Gobun
SEOKCHON-DONG
Seokchon
Baekjegobun-ro
SAMJEON-DONG
SONGPA-GU
SONGPA 2-DONG
DAECHI 2-DONG
IRWON 2-DONG
Tancheon-dong-ro
Tancheon
Garak-ro
Songpa
Museo del Libro de Songpa
GARAKBON-DONG
Hangnyeoul
Yangjae-daero
Daecheong
IRWON 1-DONG
GARAK 1-DONG
Garak Market
Daemosan
Yeongdong-daero
Gaepo-dong
SUSEO-DONG
GAEPO 2-DONG
Seseo
Irwon
Gwangpyeong-ro
Suseo
Munjeong
Yangjae-daero
MUNJEONG 2-DONG
IRWONBON-DONG
0 1 km
1
2
10
20

CIRCUITO A PIE

Pasear al estilo de Gangnam

Empaparse del ostentoso glamur de Gangnam, un distrito que es sinónimo de marcas de lujo, música K-Pop y elegancia coreana. Y por el camino, mimarse con unos cuantos dulces antes de terminar derrochando alegremente.

INICIO	FINAL	DURACIÓN
Escultura *Gangnam Style*	Gentle Monster Gangnam	6 km; 2 h

1 Hacer el baile del jinete

Más de una década después del lanzamiento de la exitosa canción de PSY, la **escultura 'Gangnam Style',** realizada en bronce en homenaje al icónico baile popularizado por su videoclip, sigue siendo un reclamo turístico al que nadie se resiste.

2 Opulencia máxima

Se pone rumbo norte hacia Cheongdam-dong, uno de los barrios más adinerados de Gangnam, y se para a tomar té en la refinada **Teahouse Cheongdam,** cuyos bollitos y *macarons* se sirven en elegantes bandejas de varios niveles.

3 Paseo de la fama coreano

Yendo al oeste, se tuerce a la derecha por Samseong-ro, su vía principal. Tras trazar una curva, después de Apgujeong-ro (su prolongación), aparece el tramo de **K-Star Road,** cuyas esculturas de osos rinden tributo a iconos del K-Pop.

4 Lujo y sofisticación

A la derecha queda la **Galleria,** los grandes almacenes más lujosos de Seúl, con numerosas tiendas de moda de diseño y cuya ala oeste es toda una obra de arte: su fachada cubierta de discos de cristal se ilumina de noche con un psicodélico color rosa.

5 Divinos escaparates

Pasada la estación de Apgujeong Rodeo, un par de manzanas al oeste de la salida 6 está la **calle Apgujeong Rodeo,** una de las más de moda de la capital, repleta de *boutiques* con las últimas tendencias de moda.

6 Cosméticos centenarios

En **Space C Coreana** *(cerrado lu)* se visitan el Museo de Arte y el Museo de Cosmética Coreana, donde se aprenderá acerca de la cultura de los cosméticos tradicionales y los instrumentos de maquillaje utilizados de la dinastía Silla en adelante.

7 Turismo médico

Anejo al Hyundai Department se encuentra el **Gangnam Medical Tour Center.** Aunque no se tenga especial interés en conocer los servicios que ofrece, su fastuoso salón es un buen sitio para relajarse con una taza de café preparada por un robot. La importante Nonhyeon-ro, al sur, presenta tal concentración de clínicas que hoy se la conoce como "Plastic Surgery Alley".

8 Moda futurista

Las manzanas al oeste de la casi desierta Garosu-gil es donde se localiza buena parte de la acción, que comprende fotomatones, establecimientos dedicados al cuidado de la piel y la **tienda principal de Gentle Monster** (p. 123).

CIRCUITO A PIE

Viajar en el tiempo en Songpa

Como primera capital del antiguo reino de Baekje (a la postre llamada Wiryeseong), a Songpa se la conoce por sus centenarias tumbas, fortificaciones y demás reliquias. Lo mejor es dar un paseo para descubrir sus notables vestigios reales, incluyendo en el recorrido varios de sus principales atractivos modernos.

INICIO	FINAL	DURACIÓN
Pungnap-toseong	Songridan-gil	8,2 km; 3 h

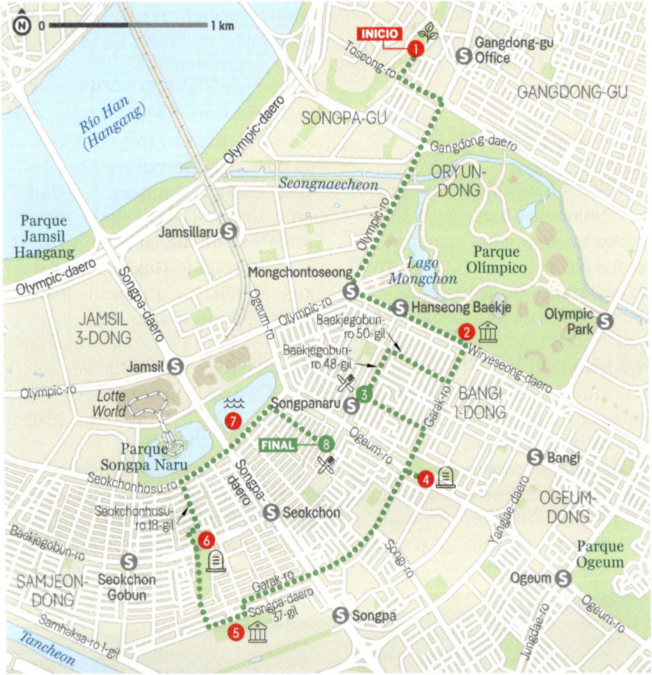

1 Emplazamiento de un antiguo palacio

Pasear junto a una sección de la **Pungnap-toseong,** la antigua fortificación de tierra -hallada en 1997- donde, supuestamente, estaba el palacio real de Baekje.

2 Historia de los tres reinos

Un agradable paseo por el **Parque Olímpico** (p. 121), al sur, conduce al **Museo Baekje de Seúl** (p. 122), donde se aprenderá acerca del palacio-fortaleza visto previamente y la era de los Tres Reinos de Corea.

3 Cargar pilas

Un buen sitio parar a comer es **Bangi Matgol,** un veterano famoso por sus ricos tentempiés callejeros.

4 Tumbas antiguas

Caminando en dirección este sale al paso del viajero un apacible parque con los montículos de tierra y césped de las **tumbas de Bangi-dong,** alineadas con la deslumbrante torre Lotte World en la distancia. La nº 1 consta de una cámara de piedra emplazada en lo alto de unas escaleras. De los muchos sepulcros que hubo en su día, apenas se conservan ocho.

5 Libros y cultura

Siguiendo la calle Garak, merece la pena parar en el **Museo del Libro de Songpa** (p. 124), que ofrece una mirada fascinante sobre la historia de la lectura en Corea.

6 Reliquias funerarias

Cruzando la calle, varias manzanas al noroeste, se hallan las **tumbas de Seokchon-dong,** un cuidado conjunto de construcciones cuadrangulares con plataformas de tres niveles dispuestas al estilo de una pirámide. En el 2015, cerca de la tumba nº 1 se halló la tumba A, lo que dio a entender que los sepulcros estaban conectados entre sí. La más grande de todas -la nº 3, en el extremo norte- tiene una base de 45 por 44 m.

7 Un paseo por el parque

Quienes tengan tiempo pueden dar una vuelta por el parque Songpa Naru para admirar el bonito lago Seokchon, compuesto en realidad por dos cuerpos de agua de menor tamaño; el situado al oeste acoge el parque temático **Magic Island** del **Lotte World** (p. 120), genial para ver la floración del cerezo.

8 Colofón gastronómico

Para terminar, se almuerza en la calle de moda de **Songridan-gil,** al suroeste del lago Seokchon, entre cuyas populares cadenas figura la sublime hamburguesería Downtowner. Destaca también Oreno Ramen (p. 88), asequible pese a contar con una estrella Michelin.

★ IMPRESCINDIBLE

Centro comercial Starfield COEX

El mayor centro comercial subterráneo del mundo mantendrá entretenido durante todo el día al viajero con su impresionante oferta de tiendas, cafés y restaurantes, que se completa, además, con un cine, una biblioteca, casino, acuario, sala de juegos recreativos y peluquería, más un complejo consagrado al K-Pop.

PLANO: P. 112 **D4**

CONSEJO
Hay que llevar el pasaporte para realizar el sencillo trámite de devolución de impuestos (compras superiores a 30 000 KRW, solo en tiendas adheridas).

Escanea este código QR para precios, horarios y demás.

Ocio

Las opciones abundan, desde echar un vistazo a los libros y revistas de la fotogénica **biblioteca Starfield** hasta ver una película en **Megabox,** pasando por probar suerte en el **Seven Luck Casino,** con 78 mesas de bacarrá, *black jack* y mucho más (*tai sai,* 108 máquinas tragaperras, etc.). En el **acuario COEX** pueden verse 650 especies entre sus más de 20 000 criaturas marinas, incluidos tiburones en el mayor hábitat de peces cartilaginosos del país. A los niños les encanta ver cómo les dan de comer (tiburones 13.30, pingüinos 15.30) y asistir a los espectáculos de sirenas.

Compras y gastronomía

Entre sus más de 250 comercios y restaurantes se incluyen conocidas marcas de moda coreana (JAJU, A-Land, WONDERPLACE, SPAO) e internacional, y un amplio abanico gastronómico con propuestas de todo el orbe.

Ktown4u

En el **atrio COEX** está **Ktown4u,** un complejo de varias plantas dedicado al K-Pop, con una tienda, espacios para eventos y zona fotográfica en la 2ª planta, una academia de canto y baile en la 3ª y un café en la 4ª.

★ IMPRESCINDIBLE

Bongeun-sa

Construido en el año 794 y modernizado en varias ocasiones, el templo budista más antiguo de Seúl ofrece vistas de un llamativo centro comercial en claro contraste con su espectacular ubicación sobre una arbolada ladera de Gangnam.

Santuarios y salones

Cruzando la **Jinyeomun (puerta de la Verdad)** se pasa junto a los cuatro reyes celestiales que protegen al Budadharma, las enseñanzas del Buda. Tras rebasar el estanque del Buda sonriente, remontar unas escaleras y atravesar la sala **Beopwangru,** se encuentra la sala principal de Buda, o **Daewungjeon.** A su alrededor, en las colinas, se observan santuarios menores y la imponente **Gran Estatua del Buda Maitreya (del Futuro),** de 23 m. No lejos está la sala **Panjeon,** la más antigua de todas, de 1856, que alberga 3503 bloques de madera tallada con 81 volúmenes del *Sutra Avatamsaka*.

Templelife y Templestay

Lo ideal es visitarlo un jueves para participar en el programa Templelife (14.00-16.00), que incluye una visita guiada, *dado* (ceremonia del té) y un taller para copiar un *sutra* (texto sagrado) con tinta dorada. Interesa reservar. Si se tiene tiempo, conviene optar por el programa de dos días (1er sábado de mes, con pernoctación), que también incluye meditación *Seon* (zen) y la posibilidad de charlar con un monje.

PLANO: P. 112 **D3**

CONSEJO
En el puesto de información situado a la izquierda, según se entra, cuenta con planos en varios idiomas y personal angloparlante.

Escanea este código QR para precios, horarios y demás.

★ IMPRESCINDIBLE

Lotte World

Niños y adultos disfrutan en el megacomplejo formado por los parques temáticos Lotte World Adventure y Magic Island; la torre Lotte World; el centro comercial Lotte World, con auditorio, cine, acuario, galerías de arte y restaurantes; y AvenueL, su tienda libre de impuestos.

PLANO: P. 112 **G4**

CONSEJO
Hay descuentos en internet. Si se planea ver bastantes atracciones turísticas, el bono Discover Seoul Pass puede ser una buena inversión.

Escanea este código QR para precios, horarios y demás.

Parques temáticos

El parque de atracciones puntero de la capital lo integran el parque temático techado **Adventure** (uno de los más grandes de su clase del mundo) y **Magic Island,** al aire libre, en medio del **lago Seokchon.** De los dos, el primero es el más tranquilo, con un monorraíl, pista de patinaje sobre hielo, un carrusel con 64 caballos y globos aerostáticos que simulan volar. Para una buena descarga de adrenalina, hay que cruzar el puente hacia Magic Island, donde esperan varias atracciones verdaderamente aterradoras; el bono Magic Pass permite saltarse la cola en cinco o siete de ellas.

Observatorio de Seoul Sky

Terminado en el 2017, el rascacielos más alto de Seúl es la **torre Lotte World,** de 555 m, cuyo estilizado diseño se inspira en la cerámica y la caligrafía coreanas. La entrada al Seoul Sky da acceso, mediante un ascensor de dos pisos, a las plantas comprendidas entre la 117 y la 123: en la 118 hay una pasarela con el suelo de cristal, en la 120 una terraza y en la 123 una coctelería. Pagando un suplemento se accede al puente aéreo exterior de la planta 124, donde, enganchado a un cable de seguridad, se pueden cruzar sus 8 m de largo.

★ IMPRESCINDIBLE

Parque Olímpico

Este gigante recinto combina referentes de los JJ OO de 1988 e instalaciones deportivas con zonas verdes, yacimientos históricos y centros artísticos. Y aunque mientras se elaboraba esta guía el Museo Olímpico estaba en proceso de renovación, hay muchas cosas que pueden hacerse más allá de rememorar los Juegos.

Monumentos conmemorativos olímpicos

Se accede por la imponente **Puerta de la Paz Mundial,** diseñada por Kim Jung -con arcos alados rojos y azules y soberbios murales- como inicio de la **plaza de la Paz.**

Yendo a la derecha se verán muchos de los **estadios** utilizados durante la cita olímpica, que hoy sirven como espacios para conciertos.

El lado oscuro de las Olimpiadas

Los JJ OO de 1988 fueron una de las iniciativas lanzadas por el país para reafirmarse en la escena internacional. Pero eso no impidió que se filtrara que, en su afán por evitar 'situaciones vergonzosas', las autoridades coreanas habían obligado a desplazarse a residentes y detenido a personas de la zona sin techo y con discapacidades, que a la postre serían enviadas a campamentos para indigentes.

Parque escultórico y museo de arte

Al sureste de la plaza se alza el **Museo Olímpico de Arte de Seúl** (SOMA; *cerrado lu*), un luminoso espacio lleno de obras modernas y contemporáneas, donde puede verse una provocadora exposición de videoarte de Nam June Paik, con esculturas hechas con láser.

Por el parque hay casi **200 esculturas,** algunas enormes, realizadas por artistas de todo el mundo.

PLANO: P. 112 **H3**

CONSEJO

El centro de información próximo a la plaza de la Paz dispensa un plano con un circuito -pensado para niños- por nueve puntos de interés; quienes reúnan sus nueve sellos obtendrán un pequeño obsequio.

Escanea este código QR para precios, horarios y demás.

STOCK FOR YOU/SHUTTERSTOCK ©

Conviene hacerse con la guía del SOMA o escanear el QR de cada obra.

UNA PAUSA
Junto a las entradas hay tiendecitas que venden lo necesario para improvisar un pícnic, a destacar la **CU store,** cerca de la escultura del *Pulgar*.

Museo Baekje de Seúl

Este interesante museo *(cerrado lu)* esboza la historia de este antiguo reino coreano, cuya primera capital, Wiryeseong, correspondía a este distrito de Seúl. Repartido en tres plantas, incluye una maqueta sobre la construcción de Pungnap-toseong (p. 117) y una exposición sobre la rivalidad existente entre los reinos de Baekje, Goguryeo y Silla por hacerse con el control de la cuenca del río Han. A través de sus QR se accede a descripciones y vídeos.

EXPERIENCIAS

Animar al equipo local en el estadio Jamsil
DEPORTE

PLANO: 1 P. 112 **E4**

Sito en el **Complejo Deportivo de Seúl** (PLANO: 2 P. 112 **E3**), este estadio con aforo para 25 000 espectadores albergó en 1988 los partidos de béisbol de las Olimpiadas y hoy es el escenario de los encuentros como local de los Doosan Bears y los LG Twins: una experiencia única y muy recomendable, aunque no se sienta pasión por este deporte.

Posar junto a Gentle Monster
DE COMPRAS

PLANO: 3 P. 112 **B3**

No hay como apuntarse a las últimas tendencias en la tienda insignia de esta rompedora y vanguardista marca internacional de gafas de sol, que en el 2011 echó a andar aquí mismo de la mano de Jay Oh y Hankook Kim. Con colosales obras de arte propias de un mundo de ciencia ficción y expositores llenos de ostentosos modelos, es muy divertido visitar su futurista y estrafalario local de varias plantas. Tiene otra tienda en Hongdae.

Descubrir el cementerio real de Seonjeongneung
LUGAR HISTÓRICO

PLANO: 4 P. 112 **D4**

Escondiéndose del barullo de Gangnam hay un sereno parque donde las tumbas del **rey Seongjong** (PLANO: 5 P. 112 **C4**), la **reina Jeonghyeon** (PLANO: 6 P. 112 **C4**) y su hijo, el **rey Jungjong** (PLANO: 7 P. 112 **D4**), se elevan trazando una majestuosa línea frente a los rascacielos de los alrededores. Los caminos que recorren el boscoso entorno pasan por las casas de un cuidador y un conserje, la cocina real y varios guardianes de piedra. En cada lugar de enterramiento de Seonjeongneung (el nombre combinado de los sepulcros), se puede cruzar la puerta de las Flechas Rojas hacia el camino del Rey (no se debe confundir con el adjunto camino del Incienso) y ver el santuario; no está permitido acercarse a las tumbas.

También hay un pequeño centro de historia con exposiciones provistas de pantallas táctiles que ofrecen más información sobre otras tumbas reales diseminadas por Seúl y la provincia de Gyeonggi. Seonjeongneung cierra los lunes.

Vivir una experiencia musical en el Museo Gugak
MUSEO

PLANO: 8 P. 112 **A6**

Para un exhaustivo repaso interactivo de la historia de la música tradicional coreana, hay que dirigirse al Museo Gugak, un espacio integrado por seis galerías *(cerrado lu)*, dentro del **Centro Nacional Gugak**, en el que exhiben instrumentos coreanos de viento, cuerda y percusión, tanto en sus versiones modernas como antiguas (halladas en yacimientos arqueológicos). También se verán partituras, archivos audiovisuales y objetos personales de artistas coreanos célebres. Hay visitas guiadas en inglés los sábados a las 16.00, después del concierto semanal del Centro Nacional Gugak.

Hacer un pícnic al estilo coreano en el parque Banpo PARQUE

PLANO: 9 P. 112 **A3**

Uno de los parques más largos y populares de la docena que integra el parque Hangang, es este tramo de 7,2 km situado en la margen sur del río, con un observatorio, un parque acuático infantil, puestos de alquiler de bicicletas e instalaciones deportivas. Destaca por encima de todo la **fuente del Arcoíris a la Luz de la Luna** (la más larga del mundo, con 1140 m), un maravilloso espectáculo de luces con el puente que da nombre al parque como protagonista.

Antes toca disfrutar de la puesta de sol sobre una lona de pícnic (las alquilan y venden allí mismo). El espectáculo del puente Banpo tiene lugar cada 30 min *(19.30-21.00 verano, hasta 21.00 primavera y otoño)*. El *chimaek* (pollo y cerveza) nunca falta en un pícnic coreano.

Conocer la historia de la lectura en Corea en el Museo del Libro de Songpa MUSEO

PLANO: 10 P. 112 **G5**

En el primer museo de su clase del país *(cerrado lu)*, el viajero aprenderá sobre la evolución de la cultura lectora en Corea, empezando por los literatos de la era Joseon y terminando con los encuadernadores, autores y editoriales más destacados del momento. Entre medias, cabe esperar fascinantes exposiciones que ilustran un siglo de consumo de medios desde la mirada de tres generaciones de lectores coreanos, explicando el auge de la cultura de masas y mostrando algunas de las obras de lectura obligada en el país.

En el sótano hay un archivo y, en la 1ª planta, una cafetería infantil. Unas escaleras centrales, flanqueadas por preciosas estanterías integradas en acogedores rincones para leer, conducen al espacio expositivo de la 2ª planta. No hay que perderse sus estaciones de impresión, donde uno podrá crear su propio marcapáginas.

Asistir a un concierto en el Centro de las Artes de Seúl ARTES ESCÉNICAS

PLANO: 11 P. 112 **A6**

Desde exitosos musicales de Broadway hasta conciertos de la Orquesta Sinfónica Nacional de Corea y de la Orquesta Filarmónica de Seúl, puede afirmarse que este espacio ofrece una completa programación cultural. Tras deleitar el paladar en un restaurante coreano, un bistró italiano o una cafetería dentro de las propias instalaciones, no hay como disfrutar de un espectáculo en su ópera, su auditorio o su escenario exterior.

También aquí se encontrará más de una docena de galerías de arte repartidas entre el **Museo de Arte Hangaram,** el **Museo de Diseño Hangaram** y el **Museo de Arte Caligráfico de Seúl,** además de las tiendas de música y ropa, librerías y joyerías que acoge **Vitamin Station,** la red de pasajes subterráneos que conecta todos estos espacios. Muchos lugares cierran los lunes; consúltense los horarios.

Revisar el pasado de Gangnam en el mercado de Eunma

MERCADO DE ALIMENTACIÓN

PLANO: 12 P. 112 **D5**

Pese a ser en la actualidad la máxima expresión del lujo y un símbolo incuestionable de riqueza en Corea, Gangnam tiene orígenes humildes. No en vano, en la década de 1970 proliferaban en la zona los bloques de viviendas (p. ej., los apartamentos Eunma) construidos para personas de renta baja. Y hoy, cerca de la salida 3 de la estación de Daechi, aún se conserva la galería comercial Eunma, un mercado subterráneo de toda la vida con puestos de comida, bares, carnicerías y tiendas de ropa y menaje: en definitiva, un clásico del barrio desde 1978.

Tomar algo en el complejo cultural Some Sevit

CENTRO CULTURAL

PLANO: 13 P. 112 **A3**

Cada noche, Some Sevit (un complejo cultural erigido sobre tres islas artificiales del río Han conectadas entre sí) se ilumina con luces de colores. Con un diseño que plasma las distintas fases de una flor, este trío de edificios cuenta con un bar, una cervecería con terraza, una galería y un espacio para eventos, entre otras instalaciones. Para comer, se puede escoger entre muchas opciones, desde el refinado **Chavit** al más informal **Vista,** pasando por el picoteo de **GS25.** Los más fiesteros tal vez deseen alquilar un barco redondo *(tubester)* y llevar a bordo comida y bebida.

MARAVILLAS DE LA ARQUITECTURA MODERNA

'Tangent'

PLANO: 14 P. 112 **D3**

Enorme escultura de cristal, hormigón y acero semejante a un cuadro de Wassily Kandinsky.

Urban Hive

PLANO: 15 P. 112 **B4**

Cerniéndose sobre la estación de Sinnonhyeon, el exterior de este llamativo edificio recuerda a un panal.

Torre GT

PLANO: 16 P. 112 **B5**

Elegante y voluptuoso edificio que se eleva como una inmensa escultura.

SUGERENCIAS

Lo mejor para...

Localizaciones en el plano de la p. 112

₩ Económico ₩₩ Medio ₩₩₩ Alto

Comer

Favoritos coreanos

Jungsik ₩₩₩
17 F2
Experiencia de talla mundial donde paladear cocina neocoreana de altos vuelos. Llamado así por su chef propietario Yim Jungsik, el local en Gangnam de este restaurante de Nueva York ofrece un distintivo menú de precio fijo maridado con cinco o nueve vinos distintos. Resérvese al menos con tres semanas de antelación. *12.00-15.00 y 17.30-22.00*

Mingles ₩₩₩
18 C3
Propuesta de alta cocina cuya popularidad exige reservar. A Kang Min-goo, su chef, se le conoce por su innovadora cocina coreana dominada por los sabores limpios y las presentaciones con visos artísticos. *12.00-15.00 y 18.00-22.00*

Orabang ₩₩
19 B3
Especializado en platos regionales de Jeju, como *momguk* (sopa de algas) y *gogi-gusksu* (sopa de cerdo y fideos), aquí se viene a probar auténtica comida casera. Sirven cerveza isleña y *makgeolli*, además. *17.00-23.00 ma-do*

Solsot ₩₩
20 H4
No lejos del Lotte World, este local de una cadena de restaurantes en boga invita a probar numerosas cazuelas a base de arroz: con salmón, con anguila, con bistec o con *dakgalbi* (pollo picante) con queso. *11.00-21.00*

De inspiración japonesa

Mimi Myunga ₩₩
21 B3
Sencilla apuesta con una estrella Michelin y una carta sublime. Muy recomendables la tempura, los huevos de codorniz marinados y el *sushi inari* (relleno de tofu frito). *11.30-14.30 y 17.30-21.00*

Haru ₩
22 E1
Pegado a la estación de Apgujeong Rodeo, se le conoce por sus *donkatsu* al curri, *udon* y *soba*. Raciones generosas a buen precio. *11.30-16.00 y 17.00-21.30*

Jungdon ₩₩
véase 21 B3
Popular cadena especializada en chuletas de cerdo rebozado y frito que, además, prepara versiones menos típicas (queso, langostinos, pollo...). *11.30-15.30 y 17.00-21.00*

De estilo occidental

RTW ₩₩₩
23 A6
Pequeño establecimiento con sabrosas pastas y principales, más una extensa carta de vinos. *12.00-15.00 y 17.30-23.00 ma-sa*

Brooklyn the Burger Joint ₩
24 B3
Versión local de un *diner* de Brooklyn que sirve hamburguesas, batidos y cerveza Brooklyn Brewery de barril. Pese a su esté-

tica americana estilo años cincuenta, suena *hip-hop* de la década del 2010. *11.00-22.00*

Beber

Cócteles

Kompakt Record Bar

25 B3

En este bar perteneciente a sus bármanes –quienes también hacen de DJ– reina un ambiente único, muy del gusto de las figuras locales de la industria del *hip-hop*. *19.00-2.00 lu-sa*

Bar Tea Scent

26 F1

Bebidas alcohólicas y cócteles infusionados con diversos tés, como el Sencha Sonic (ginebra al té verde), el Iron Daiquiri (ron al té oolong) o el Lapsang Godfather (*whisky* al té negro *lapsang souchong*). Genial presentación. *19.00-3.00*

Zest

27 F2

Galardonado bar que se rige por un encomiable modelo sostenible, reduciendo al mínimo los desperdicios y surtiéndose de ingredientes de producción local. *18.30-2.00 lu-vi, desde 15.00 sa y do*

Alice

28 F1

El cliente creerá estar en un mundo de fantasía en este bar de estilo clandestino, atendido por bármanes "invitados", que van rotando del mismo modo que su oferta de tragos. *18.00-2.00 do-ju, hasta 3.00 vi y sa*

Pine & Co

29 E1

Cócteles fuera de lo común, como el Kimchi (*kimchi*, tequila y tintura de pimienta) o el SongYi (hongo pino, ginebra y *shiitake*). *21.00-2.00*

NoFlex

30 E2

Anunciado como sala de arte multimedia, este local de buen ver asombra con proyecciones panorámicas y brebajes de primera. *19.00-2.00 ma-ju, 21.00-4.00 vi y sa, cerrado ene*

Coffee Bar K

31 C4

A los amantes del *whisky* les encantará este llamativo bar japonés. Sus cócteles no defraudan. *19.00-2.00*

Cerveza

Mikkeller Bar

véase 19 B3

Esta cervecera danesa ha abierto un coqueto bar en el que mandan las variedades marca de la casa, más Galmegi (de Busan). *17.00-24.00 lu-vi, 14.00-24.00 sa, 14.00-23.00 do*

Bulldog

32 B4

Pub en un piso alto, con dardos, una interminable carta de bebidas y unos cuantos platos informales. *19.00-1.00 lu-ju, hasta 2.00 vi y sa*

Bares y clubes

Poong

33 E2

El Poong ("Viento", en chino) sirve tanto cócteles y chupitos como botellas enteras, lo que va de maravilla si se acude con ánimo de celebrar algo. *22.00-5.00 vi y sa*

Times

34 F1

Sala de música frecuentada por extranjeros, con un completo plantel de DJ que se escora al *hip-hop*. *22.00-4.00 ju, hasta 5.00 vi y sa*

Bushwick

35 E2

Tributo al último barrio de moda de Brooklyn, esta sala en un sótano de Apgujeong es un paraíso de neón al que se puede ir temprano para tomar algo en un ambiente más relajado, o más tarde para moverse a ritmo de *hip-hop*. *20.00-4.00 vi y sa*

Sugerencias de lugares para comer, beber y comprar en **p. 141**

Explora Dongdaemun, este y norte de Seúl

Con grandes centros comerciales y laberínticos mercados cubiertos, más el espectacular Dongdaemun Design Plaza & Park (DDP) de Zaha Hadid como telón de fondo, el efervescente distrito de Dongdaemun atrae a compradores de toda Asia. Seongsu-dong, un viejo barrio de tradición zapatera, es uno de los destinos más en boga de la ciudad –plagado de *boutiques* y cafés de estética chic industrial–, que además queda cerca del Bosque de Seúl, uno de los mejores parques de la capital. Al norte de Dongdaemun está Daehangno, un animado barrio estudiantil con gusto por las artes escénicas, muy a mano del palacio de Changgyeonggung. Más al norte se sitúa Seongbuk-dong, un barrio sobre una colina con buenos museos y templos encantadores.

Cómo desplazarse

A pie

Dongdaemun y Daehangno son fáciles de explorar a pie. Más pronunciada es la zona de Naksan, junto a la antigua muralla. Es ideal pasear entre Dongdaemun y Yangnyeongsi siguiendo el curso del Cheong-gye-cheon.

Metro

Para ir a Dongdaemun hay que apearse en la estación homónima o en la de Dongdaemun History & Culture Park. La de Hyehwa es la mejor para Daehangno, la de Seongsu es el principal punto de acceso para Seongsu-dong y la de Seoul Forest, para el Bosque de Seúl.

Dongdaemun Design Plaza (p. 136).

(ARQUITECTA: ZAHA HADID) SIMON RICHMOND/LONELY PLANET ©

★ LO MEJOR

Explorar el edificio en forma de nave espacial del **DDP** (p. 136).

Descubrir las modernas calles de **SEONGSU-DONG** (p. 132).

Aprender medicina tradicional en el **SEOUL K-MEDI CENTER** (p. 138).

Admirar las esculturas del **MUSEO WAVE** (p. 139).

Visitar el barrio de murales de **IHWA MAEUL** (p. 135).

A
B
C
D
1
2
3
4
5
6
29 30 31 32 33 44
1
2
3
4
Naksan
Más información
Imprescindible p. 136
Experiencias p. 137
Comer p. 141
Beber p. 141
Comprar p. 141
Changsin
Chang Chang
27
28
26
Donut Jungsu
Mirador de la cantera de Changsin Sungin
Yulgok-ro
Jibong-ro
JONGNO 5-6-GA-DONG
Casa de Nam June Paik
25
Dongmyo
Dongmyo
Jongno 5-ga
Dongdaemun
Jong-ro
Dongdaemun
36
Cheonggyecheon-ro
Cheonggyecheon-ro
Mercado de Pyeonghwa
EULJIRO-DONG
47
Yigansumun
Mercado de Bangsan
Dongho-ro
Monumento del estadio Dongdaemun
Museo de Historia de Dongdaemun
Majang-ro
La Calle
17
Euljiro 4-ga
Eulji-ro
Eulji-ro
Dongdaemun Design Plaza & Park
Mercado de Jungbu
38
Sindang
Dongdaemun History & Culture Park
Toegye-ro
Mareunnae-ro
Véase ampliación
Jangchungdan-ro
42
Dasan-ro 33-gil
Toegye-ro
39
37
Ampliación
HWANGHAK-DONG
SINDANG 1-DONG
Toegye-ro 85-gil
Kokkiri Brewery
18
Toegye-ro 87-gil
Dasan-ro 46-gil
Toegye-ro
Toegye-ro 83-gil
ReRe Play
14
Toegye-ro 81-gil
Mailroom
13
Kafe Apothecary
15
Phyps Mart
11
JUNG-GU
16
Mercado de Jungang
10
Brick Lane Burger
43
12
Cécile Cédric
Toegye-ro
Toegye-ro 84-gil
Toegye-ro 86-gil
SINDANG 5-DONG
0
100 m

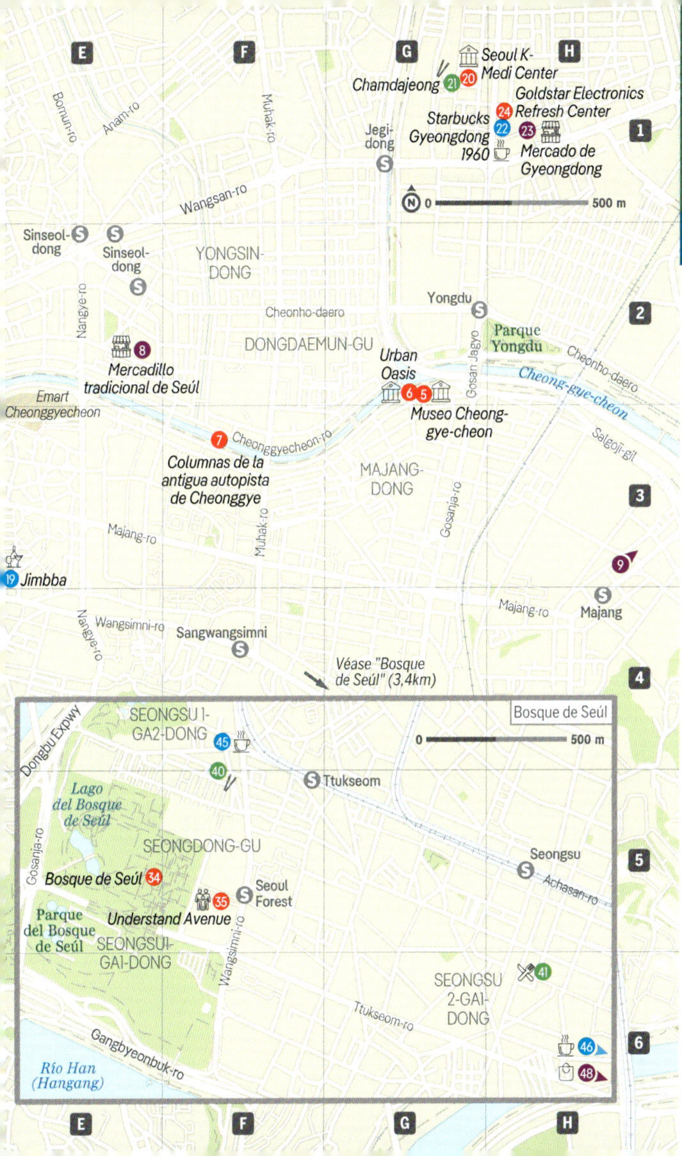
E
F
G
H
1
2
3
4
5
6
Seoul K-Medi Center
Chamdajeong
Goldstar Electronics Refresh Center
Starbucks Gyeongdong 1960
Mercado de Gyeongdong
Jegi-dong
Bomun-ro
Anam-ro
Muhak-ro
Wangsan-ro
0
500 m
Sinseol-dong
Sinseol-dong
YONGSIN-DONG
Nangye-ro
Cheonho-daero
DONGDAEMUN-GU
Yongdu
Parque Yongdu
Gosan Jagyo
Urban Oasis
Cheonho-daero
Cheong-gye-cheon
Mercadillo tradicional de Seúl
Emart Cheonggyecheon
Museo Cheong-gye-cheon
Salgoji-gil
Cheonggyecheon-ro
Columnas de la antigua autopista de Cheonggye
MAJANG-DONG
Gosanja-ro
Majang-ro
Muhak-ro
Jimbba
Majang-ro
Majang
Wangsimni-ro
Nangye-ro
Sangwangsimni
Véase "Bosque de Seúl" (3,4km)
Bosque de Seúl
0
500 m
Dongbu Expwy
SEONGSU 1-GA2-DONG
Ttukseom
Lago del Bosque de Seúl
Gosanja-ro
SEONGDONG-GU
Seongsu
Achasan-ro
Bosque de Seúl
Seoul Forest
Understand Avenue
Parque del Bosque de Seúl
SEONGSU1-GA1-DONG
Wangsimni-ro
SEONGSU 2-GA1-DONG
Ttukseom-ro
Gangbyeonbuk-ro
Río Han (Hangang)
E
F
G
H

CIRCUITO A PIE

Ir de tiendas por Seongsu-dong

Antaño conocido por sus zapateros, pequeñas fábricas y almacenes, Seongsu-dong se ha reciclado en uno de los barrios más de moda de la ciudad, con llamativos toques de diseño. En esta ruta, que discurre entre murales de arte callejero, se pasará por refinadas panaderías-cafeterías, originales galerías y atractivas *boutiques* en edificios industriales rehabilitados.

INICIO	FINAL	DURACIÓN
Onion	Amazing Brewing Co	2,8 km; 2 h

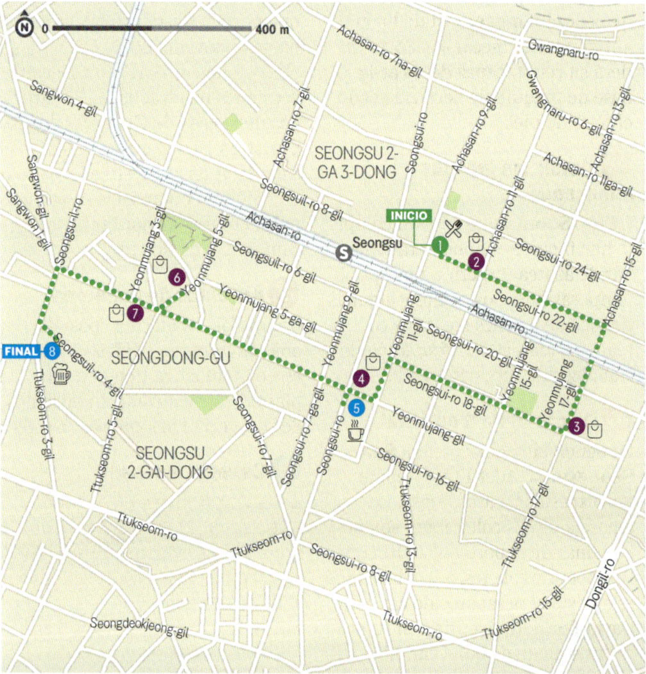

1 Panadería-cafetería

Onion *(W, 8.00-22.00 lu-vi, 10.00-22.00 sa y do)* ha alumbrado el camino de cuantos locales de su estilo han abierto después en Seongsu: sita en una vieja y fotogénica fábrica semiabandonada, sus delicias horneadas y su excelente café hacen que sea parada obligada.

2 Meca de los cosméticos

Un jardín de plantas endémicas, musgo y rocas da calidez al *showroom* tipo galería de la marca de belleza **Amore,** instalado en un antiguo taller mecánico. Sorprenderá su robot, capaz de crear la base de maquillaje perfecta según el tono de piel.

3 Modernos grandes almacenes

LCDC Seoul es un versátil complejo que incluye el Ephemera Café, el bar de azotea Postcript, un espacio temporal de exposiciones y algunas tiendas de jóvenes creativos coreanos y marcas de *lifestyle,* como Hanahzo, de productos de belleza.

4 Disparatada 'boutique'

La tienda de moda coreana **Space Seongsu,** de Ader Error, depara una experiencia asombrosa. La antesala de sus colecciones son hologramas de deportivas, astronautas sin cabeza y cohetes, además de una entrevista al desaparecido cantante David Bowie transmitida en su probador a modo de hotel cápsula.

5 Café-bar en un almacén

Daelim Changgo *(11.00-22.00),* en uno de los *changgos* (almacenes) reconvertidos más espectaculares de Seongsu, ejemplifica la fiebre por los cafés, el diseño, el arte y los selfis que ha desembarcado en Seúl. Contemplar el arte que cuelga de sus paredes mientras se saborea un café de origen único es genial.

6 Gran estilo

Dior Seongsu ha traído su estilo parisino con esta tienda *pop-up* que permanecerá abierta al menos hasta finales del 2025. De lo más chic, incluye un café con videoproyecciones inspiradas en los jardines de la casa de Granville donde Christian Dior pasó su niñez. Añaden interés las singulares colaboraciones con artistas internacionales repartidas por la tienda y que cambian cada dos meses.

7 Artículos de papelería

Bolígrafos, cuadernos, postales, objetos *vintage*... **Point of View** es una fantástica tienda de tres plantas especializada en artículos de papelería nacionales y foráneos.

8 Cerveza artesana

Amazing Brewing Co *(17.00-24.00 lu-vi, 15.00-24.00 sa y do)* es un sitio perfecto para sofocar la sed que, además, sirve *pizza* al horno de leña.

CIRCUITO A PIE

Recorrer la muralla de Seúl

Uno de los tramos mejor preservados de la antigua muralla es el que va en dirección norte desde Dongdaemun hacia el barrio universitario y teatral de Daehangno. Siguiendo los senderos que avanzan en paralelo a ella, se hallarán las callejuelas cubiertas de murales de Ihwa Maeul, parques con vistas y espacios de artes escénicas.

INICIO	FINAL	DURACIÓN
Heunginjimun	Hakrim	1,5 km; 2 h

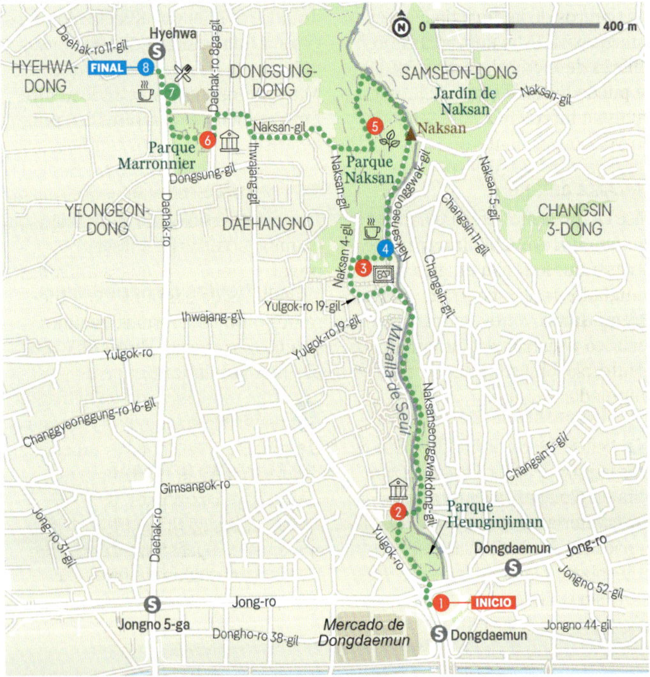

1 Puerta de la fortaleza

Heunginjimun, la Gran Puerta Este de la muralla, ha sido reconstruida varias veces en sus 700 años. Es la única unida a una pequeña fortaleza *(ongseong)*. Aunque no se pueda acceder a su interior, cabe inmortalizarla desde un parque al norte.

2 Acerca de la muralla

El **Museo de la Muralla de Seúl** documenta la historia de la barrera de piedra que ha rodeado la capital desde finales del s. XIV. Al igual que los obreros de la dinastía Joseon, que grabaron sus nombres en los sillares de la fortaleza primigenia, se puede hacer lo propio en una muestra interactiva con una videoproyección de la muralla.

3 Arte callejero

Pese a su pasado reciente como *daldongnae* ("pueblo lunar": precario asentamiento en el que vivían refugiados tras la guerra de Corea), **Ihwa Maeul** es hoy un importante reclamo turístico por las curiosas esculturas y los murales de sus empinadas callejas.

4 Tomar algo con vistas

Tras explorar Ihwa Maeul, se para en **Gaepul** *(9.00-21.00)*, un bar-cafetería en la parte alta del barrio, cuyo principal activo es su terraza en L, ideal para ver la puesta de sol.

5 Monte guardián

El nombre de Naksan deriva de la palabra coreana *nakta* (camello), por la forma de joroba de este monte situado al este. Además de una gran sección de la muralla, el **parque Naksan** ofrece bellas vistas.

6 Arte vanguardista

No hay que perderse las exposiciones del **Centro de Arte Arko,** gestionado por el Consejo de las Artes de Corea. Su enorme complejo de ladrillo rojo (diseñado en la década de 1970 por Kim Swoogeun, un famoso arquitecto de la posguerra) linda con el parque Marronnier, cuyo escenario al aire libre acoge actos esporádicos por la noche.

7 Un dulce familiar

Junto a la salida 2 de la estación de metro de Hyehwa, hay un **puesto** donde se prepara *dalgona,* las galletas de caramelo con diferentes dibujos y formas, popularizadas por la serie de Netflix *El juego del calamar.*

8 Café retro

Hakrim *(10.00-23.00)* es un clásico *dabang* (café) de 1956, en el que casi nada ha cambiado salvo el precio de las bebidas. Entre las opciones más populares están el café vienés, la tarta de queso y los *parfaits.*

★ IMPRESCINDIBLE

Dongdaemun Design Plaza & Park

Este prodigio arquitectónico (DDP) cuenta con varias galerías y espacios para eventos, además de tiendas de diseño y sitios para comer y beber. Diseñado por Zaha Hadid, se alza junto a un parque con museos dedicados a la historia de la zona.

PLANO: P. 130 **C3**

CONSEJO
De la entrada M3 de la 1ª planta sale un circuito gratuito en inglés *(13.30, ma-do).*

Escanea este código QR para precios, horarios y demás.

Parque de diseño

Es la mayor estructura atípica del planeta, revestida de 45 133 paneles de aluminio y equipada con luces led que crean un relajante efecto de noche. Su cubierta está tapizada de césped y caminando por sus senderos exteriores se apreciará mejor esta creación en forma de nave espacial.

Su interior quizá resulte difícil de recorrer por sus sinuosos pasillos y escaleras talladas. Es gratis la entrada a muchas de sus galerías y muestras, entre ellas el **Salón del Diseño** y la **Biblioteca Magazine** de la 3ª planta. En la 4ª está **DIKIDIKI,** un parque interactivo de diseño para niños de 1 a 8 años.

Puntos de interés

Durante su construcción se hallaron restos arqueológicos de la era Joseon (incluidos tramos originales de la muralla y la compuerta arqueada **Yigansumun**) que se incorporaron al parque. El **Museo de Historia de Dongdaemun** desvela la historia de los antiguos cimientos conservados en el exterior, mientras que el **monumento del estadio Dongdaemun** repasa hitos de la historia del recinto deportivo construido por los japoneses en 1925 y demolido en el 2007.

EXPERIENCIAS

Descubrir el salón del trono del Changgyeonggung PALACIO

PLANO: 1 P. 130 **A1**

Erigido en el s. xv por el rey Sejong para su padre, Changgyeonggung es uno de los cinco palacios principales de la capital. El salón del trono, **Myeongjeongjeon** (PLANO: 2 P. 130 **A1**), reconstruido en 1616, es un raro ejemplo de arquitectura Joseon del s. XVII conservada incólume.

Los edificios menores, detrás de la sala principal, eran aposentos reales. De allí parten senderos que cruzan un jardín de estilo europeo hacia el **Gran Invernadero** (PLANO: 3 P. 130 **A1**), construido por los japoneses en 1909, con plantas endémicas y *bunjae* (similares a los bonsáis).

Se ofrecen visitas guiadas gratuitas en inglés *(11.00 y 16.00, ma-do)*. La **puerta Hamyangmun** (PLANO: 4 P. 130 **A1**), en el palacio, da acceso al Changdeokgung (p. 44).

Visitar el Museo del Cheong-gye-cheon MUSEO

PLANO: 5 P. 130 **G2**

Para cononocer esta vía fluvial que atraviesa Seúl de este a oeste, nada como este museo, cuyas exposiciones ilustran buena parte de la historia social capitalina. Y es que en diferentes momentos se ha descrito al Cheong-gye-cheon como el 'cáncer' de Seúl, un símbolo del desarrollo de la década de 1960 o incluso un modelo de regeneración urbana.

El museo es el punto de inicio de un paseo fluvial. Enfrente está la galería **Urban Oasis** (PLANO: 6 P. 130 **G2**), alojada en una réplica de las barracas de madera que en su día bordeaban el arroyo, con muestras sobre sostenibilidad.

Otro vestigio del pasado son las **tres columnas** de hormigón (PLANO: 7 P. 130 **F3**) situadas en medio del cauce y que formaban parte de la antigua autopista elevada.

LOS MEJORES RASTROS DE SEÚL

Mercadillo tradicional de Seúl

PLANO: 8 P. 130 **E2**

En el mayor rastro del país se encontrarán prendas, discos, libros y decoración *vintage*, así como artesanía, máscaras de madera, pinturas en tinta china y cerámica. En su zona de restauración sirven comidas baratas, como *sundubu jjigae* (guiso de tofu y *kimchi*). Cerrado martes.

Mercado de antigüedades de Dapsimni

PLANO: 9 P. 130 **H3**

Con precios de ganga frente a los de los anticuarios de Insa-dong, es perfecto para buscar viejos tesoros, desde sombreros de *yangban* (noble) de crin de caballo, zuecos de madera, candados en forma de pez, insignias bordadas y estatuas de piedra. Cerrado domingos.

Tomar el pulso al moderno Sindang BARRIO

En Sindang han proliferado pequeños cafés conceptuales, bares y *boutiques* en los antiguos almacenes de arroz próximos al mercado de Jungang.

Chung Ju Yung, fundador del Grupo Hyundai, comenzó su andadura profesional en Sindang, como recuerda una placa delante del **Brick Lane Burger** (PLANO: 10 P. 130 **B6**). Cerca están el pintoresco **Phyps Mart** (PLANO: 11 P. 130 **B5**), que vende desde sudaderas hasta tentempiés, y **Cécile Cédric** (PLANO: 12 P. 130 **B6**), con bonitos regalos para amantes de las plantas.

Decorado como una antigua estafeta de correos, **Mailroom** (PLANO: 13 P. 130 **C5**) es el café más adorable de Sindang, con magníficas vistas del Namsan desde la terraza de su azotea. En una callejuela está **ReRe Play** (PLANO: 14 P. 130 **B5**; *mi-do*), un café de aire rústico con un ficus centenario. **Kafe Apothecary** (PLANO: 15 P. 130 **A5**; *ma-do*), pionero del resurgimiento de Sindang, ocupa un antiguo almacén de arroz.

Deleitar el paladar en el mercado de Jungang COMIDA CALLEJERA

PLANO: 16 P. 130 **D5**

El corazón de Sindang es el mercado cubierto de Jungang, con puestos de rica comida callejera, como *haemul pajeon* (tortitas de marisco) y *hoe* (pescado crudo). Siempre hay cola en un puesto de *hotteok* (tortitas) de una octogenaria.

Una buen sitio para sentarse es el local de tacos **La Calle** (PLANO: 17 P. 130 **D3**; *ma-do*). A un paso de la galería está **Kokkiri Brewery** (PLANO: 18 P. 130 **C5**), que sirve cerveza artesana. Al este queda **Jimbba** (PLANO: 19 P. 130 **E3**; *lu-sa*), elegante licorería especializada en destilados coreanos.

Darse un masaje en el Seoul K-Medi Center MUSEO

PLANO: 20 P. 130 **G1**

Este impresionante centro ocupa un edificio de varias plantas que se asemeja al Bojewon, un hospital de comienzos de la era Joseon. Su **museo** exhibe la gran variedad de ingredientes naturales que emplea la medicina coreana. Vale la pena reservar un masaje de manos, pies y espalda, realizado íntegramente por máquinas. De marzo a noviembre también cabe darse un baño de pies con artemisa y menta mientras se toma una infusión.

Chamdajeong (PLANO: 21 P. 130 **G1**), al otro lado del patio, ofrece infusiones y bocados tradicionales, como gachas de calabaza y arroz con hojas de loto.

Visitar un Starbucks singular CAFÉ

PLANO: 22 P. 130 **H1**

Un buen ejemplo de la pasión local por el concepto "retro modernizado" es el **Starbucks Gyeongdong 1960,** que además de participar en el programa benéfico de la cadena, ocupa una remodelación del antiguo teatro del **mercado de Gyeongdong** (PLANO: 23 P. 130 **H1**), con butacas en gradas y un pequeño escenario para actuaciones musicales.

En el vestíbulo está el **Goldstar Electronics Refresh Center** (PLANO: 24 P. 130 **H1**), un proyecto creativo de LG en aras de la sostenibilidad. Entre otras actividades gratuitas se puede plantar un tiesto y llevárselo a casa, diseñar una pulsera con abalorios de plástico reciclado y jugar a videojuegos retro.

Remontar las empinadas calles de Changsin-dong BARRIO

Antes de admirar las vistas desde la parte alta de Changsin-dong, conviene acercarse a la **casa de Nam June Paik** (PLANO: 25 P. 130 **C2**) sucursal del Museo de Arte de Seúl –en una *hanok* reconvertida– centrada en el arte del vanguardista Paik (1932-2006), nacido y criado aquí.

El granito extraído de esta cara del Naksan se empleó en la construcción de varios edificios, como el antiguo ayuntamiento. La cantera es hoy un parque que se aprecia desde el **mirador de la cantera de Changsin Sungin** (PLANO: 26 P. 130 **C1**).

Cerca se encuentra **Chang Chang** (PLANO: 27 P. 130 **C1**). un veterano restaurante cantonés que sirve cuencos de fideos con ternera y callos salteados. Más abajo está **Donut Jungsu** (PLANO: 28 P. 130 **C1**), un pequeño café con dulces y vistas.

Pasear por un jardín de arte pétreo MUSEO

PLANO: 29 P. 130 **A1**

Una legión de centinelas de piedra custodia el **Museo Wave,** donde un sendero penetra entre jardines con guardianes esculpidos. También hay *beoksu* (tótems coreanos colocados a la entrada de los pueblos como protección) y deidades budistas.

Junto al museo –especializado en arte multimedia y pintura contemporánea– hay un llamativo templo budista y cafetería, el **Jeongbeopsa** (PLANO: 30 P. 130 **A1**), de donde sale un camino que sube al Bukaksan (p. 51).

MERCADO DE YANGNYEONGSI

Jegi-dong lleva vinculado a la medicina desde el s. XVII, cuando se fundó el Bojewon, un hospital que daba alojamiento a los viajeros y atención sanitaria gratuita a los pobres, extramuros para evitar la propagación de infecciones. Los comerciantes de productos medicinales empezaron a reunirse junto al Bojewon. Hoy, el mercado de hierbas medicinales Yangnyeongsi, con más de un millar de vendedores y negocios especializados, es el mayor mercado de su clase de Corea. En él se verán raíces, semillas, cortezas, flores secas, frutas y verduras: desde setas *youngji* y canela en rama hasta cornamentas de ciervos y *ginseng* rojo coreano.

Meditar en Gilsang-sa TEMPLO

PLANO: 31 P. 130 **A1**

El templo Gilsang fue en su día el restaurante Daewongak, en el que actuaban *gisaeng* (bailarinas cortesanas tradicionales). En 1995, su propietaria (una antigua *gisaeng*) lo donó al monje budista Beopjong Sunim, que lo convirtió en un templo de la orden Jogye. En la parte alta hay un pequeño museo dedicado a Beopjong, fallecido en el 2010.

El templo ofrece estancias con pernoctación (p. 28) y en mayo se engalana con farolillos de colores para el cumpleaños de Buda.

Tomar té con dulces en Suyeon Sanbang SALÓN DE TÉ

PLANO: 32 P. 130 **A1**

Esta encantadora tetería *(cerrada lu y ma)* ocupa una *hanok* de la década de 1930 en la que vivió el novelista Yi Tae-jun. Su nombre significa "hogar en las montañas para la lectura y los encuentros académicos". Se recomienda probar tanto sus tés medicinales y el verde silvestre como sus dulces tradicionales.

Admirar el bordado coreano MUSEO

PLANO: 33 P. 130 **A1**

En una pequeña *hanok*, el **Museo del Bordado Hang Sang Soo** repasa este arte tradicional coreano con exposiciones que cambian periódicamente a partir de la colección de piezas antiguas de la maestra Han Sangsoo (1932-2016). La comisaria es su hija Susana Youngran Kim, quien además de impartir clases, continúa el legado de su madre.

Explorar los hábitats de Bosque de Seúl PARQUE

PLANO: 34 P. 130 **E5**

Creada como coto de caza en el período Joseon, esta zona verde posee numerosos reclamos para familias, incluidos un recinto para ciervos sica, zonas de juegos de aventura, jardines de mariposas e insectos, humedales, un parque de patinaje y un jardín escultórico. Junto a la puerta este se halla **Understand Avenue** (PLANO: 35 P. 130 **F5**), un conjunto de antiguos contenedores de transporte que ahora son cafés, tiendas y empresas sociales.

ANTIGUA MURALLA DE SEÚL

Hanyangdoseong, la muralla del casco antiguo levantada hace 600 años, serpentea 18,6 km por los montes Bukaksan, Naksan, Namsan e Inwangsan. Contaba con ocho puertas, de las que se conservan seis. Aunque resulta agotador, se puede cubrir el circuito en una jornada, disfrutando de una mezcla de senderismo urbano, arquitectura histórica y vistas. Es mejor dividirlo en dos días o escoger uno o dos tramos. El Inwangsan y el Bukaksan auguran los tramos más impresionantes de los cuatro montes.

Lo mejor para...

Localizaciones en el plano de la p. 130

ⓦ Económico ⓦⓦ Medio ⓦⓦⓦ Alto

Comer

Dongdaemun y Sindang

Calle del pescado a la parrilla ⓦⓦ
36 B3
En Dongdaemun, restaurantes sin florituras sirven sabrosa *samchi* (caballa) a la parrilla. *8.30-20.30*

I Love Sindangdong ⓦⓦ
37 D4
La especialidad es el *tteokbokki*, un fogoso guiso que puede acompañarse de marisco y queso. *24 h*

Star Samarkand ⓦⓦ
38 B4
Exitoso restaurante uzbeco de *plov* (arroz con carne), fideos *lagman* y empanadillas *manti*. *10.00-23.00 mi-lu*

Woori Yeah Sool ⓦⓦⓦ
39 B4
Destacan sus carnosas gambas fritas y suculentas costillas de cerdo, que pueden regarse con *makgeolli* casero. *17.00-23.00 ma-do*

Seongsu-dong

Hanoi 102 ⓦ
40 F5
Elegante restaurante vietnamita de ambiente añejo, que sirve *banh mi* de cerdo o tofu y fideos picantes al estilo de Hué. *11.30-15.00 y 17.00-21.00*

Maple Top ⓦⓦ
41 H6
Brunches norteamericanos con gofres, tortitas y platos de huevos. *9.00-2.00*

Beber

Bares clandestinos

Jean Frigo
42 B4
La entrada a esta coctelería en las callejas de Dongdaemun parece un gran frigorífico en una frutería. *18.00-1.00 ma-do*

Zoo Sindang
43 A6
Bar de moda con bebidas de temática zodiacal. Para entrar, hay que tocar la estatua del gato orante de fuera. *18.00-2.00*

Cafés

Haero Coffee
44 A1
Café de especialidad con notas de cata en una encantadora *hanok*. *11.00-22.00*

Seoul Angmusae
45 F4
Panadería-caféteria especializada en rollos de canela. *8.00-23.00*

Cheese Industry
46 H6
Este café, con vacas robot pastando junto a la entrada, es una oda al queso. *11.00-22.00*

Comprar

Moda

Doota
47 C3
Centro comercial puntero de Dongdaemun. *10.30-5.00, hasta 24.00 do*

Common Ground
48 H6
Artículos de fabricación sostenible y tiendas de moda *vintage* en un centro comercial a base de contenedores reconvertidos; en Seongsu.

756-8600 · 5400
京 城 社
皮專門
경성사
마네

Guía práctica

Mercado de Namdaemun (p. 64).
MANFRED GOTTSCHALK/GETTY IMAGES ©

Viajar en familia

Viajar a Seúl con niños es un placer, pues además de ser una ciudad segura y apta para familias, está repleta de atracciones para críos y adolescentes, desde museos hasta parques, zonas recreativas y espacios culturales.

Cultura coreana

No hay que esforzarse mucho para hacer atractivo todo lo coreano. Se puede comprar *merchandising* y *manhwa* (cómics y novelas gráficas), buscar localizaciones de series y películas y crear contenidos en lugares como **HiKR Ground** (p. 70).

DÓNDE DORMIR Y COMER

En las pensiones tradicionales y en algunos hoteles, las habitaciones con *ondol* (suelo radiante) son idóneas para familias, ya que todo el mundo duerme en un *yo* (colchón tipo futón) en el mismo espacio. Pocos restaurantes tienen menú infantil y tronas.

Zonas verdes

Para mantener entretenidos a los más pequeños, no es necesario gastar mucho en parques de atracciones como Lotte World: en Seúl hay parques municipales con instalaciones fantásticas, como el Bosque de Seúl (p. 140), el Parque Olímpico (p. 121) y el conjunto de parques -unidos entre sí por carriles-bici- a orillas del río Han. Cada verano abren seis grandes complejos con piscina en los parques ribereños.

Traje típico

Una forma muy divertida de visitar los palacios (gratis) es con el traje tradicional, que puede alquilarse en cualquier tienda de *hanbok*.

Transporte público

Los menores de 6 años viajan gratis. Las tarifas infantiles se aplican a menores de 13 años.

Museos

El Museo Nacional de Corea, el Museo Etnográfico Nacional y el Museo de Artesanía de Seúl tienen divertidas secciones prácticas para niños. Para ciertas actividades quizá haya que reservar una franja horaria.

Alojamiento

Las opciones en la capital surcoreana comprenden desde albergues y *hanok* (casas de madera) asequibles a grandes cadenas hoteleras y palacios de cinco estrellas.

Si te gusta...

Compras y cocina de nivel

Gangnam y sur de Seúl (p. 111) Abundan los hoteles de lujo y los establecimientos de cadenas. Lo mejor es estar cerca del metro, pues las distancias entre puntos de interés y a los sitios al otro lado del río pueden ser largas.

Cultura joven y parques

Oeste de Seúl (p. 75) Hongdae y Sinchon agrupan pensiones, albergues y hotelitos de precio moderado, mientras que en Yeouido hay algunas opciones de nivel.

IMPRESCINDIBLE

Nos encanta...

Myeongdong, Euljiro y Namsan **(p. 55)**

Es difícil dar con un barrio más céntrico, con muchos albergues y hoteles de precio medio. Y aunque salir de compras no sea una prioridad, es una zona ideal para recorrer a pie y salir de noche por zonas de moda como Euljiro.

CUÁNTO CUESTA

Cama en dormitorio colectivo: **desde 27 000 KRW**

Habitación doble de hotel: **desde 90 000 KRW**

Habitación doble en hotel de lujo: **desde 250 000 KRW**

Arquitectura y barrios de moda

Dongdaemun, este y norte de Seúl (p. 129) Buena parte de los alojamientos de precio medio se agrupan en torno a los centros comerciales y mercados de Dongdaemun. Hay un par de hoteles de lujo.

Arquitectura tradicional y senderismo

Gwanghwamun y Jongno-gu (p. 33) Atractivas pensiones en *hanok*, a corta distancia a pie de los palacios y las rutas de los montes Bukaksan e Inwangsan.

Museos y restaurantes

Itaewon y Yongsan-gu (p. 91) El marchoso barrio de Itaewon está lleno de pensiones sencillas, las mejores con cocinas comunitarias, terrazas en la azotea y un animado ambiente mochilero.

Comida, bebida y fiesta

Alergias e intolerancias

Las personas que sufran estas particularidades pueden tener dificultades en Seúl, ya que alérgenos como los frutos secos o el gluten rara vez figuran en los menús. Siempre conviene comunicarlo al pedir.

CÓMO SE DICE

Soy alérgico a...

jeoneun alleleugiga issseubnida ...

frutos secos	*gyeon-gwa-ryu*
marisco	*haemul*
lácteos	*yu-jae-pum*
gluten	*geulluten*

CÓMO PEDIR...

¿Es apto para celíacos?
Igeo geulluten peuliingayo?
¿Contiene frutos secos?
Gyeongwalyuga deul-eoissnayo?
¿Hay alguna opción vegana?
Chaesigjuui obsyeon-i issnayo?

APLICACIONES DE RESERVAS

Catchtable (catchtable.net) permite reservar mesa en cientos de restaurantes de la capital y, en el caso de los establecimientos más populares, esta suele ser la única opción. En los restaurantes con cuenta en Instagram, se podría conseguir mesa enviando un mensaje.

Cubiertos y cartas

En casi todos los restaurantes, las mesas disponen de un pequeño cajón con palillos de metal, cucharas y servilletas de papel. Muchos tienen carta en inglés e incluso pantallas táctiles (con traducciones al inglés) para pedir desde la mesa.

Cómo pagar la cuenta

Hay que decir al camarero "gye-san-seo ju-se-yo" o dirigirse al mostrador de la entrada con la cuenta que dejan en la mesa.

Formas de pago Casi todos los locales aceptan tanto efectivo como tarjetas de crédito internacionales. No es habitual dividir la cuenta.

Protocolo Al pagar, no hay que depositar ni el efectivo ni las tarjetas sobre la mesa, sino entregárselo con ambas manos al camarero o al personal encargado en el mostrador.

Propinas No se espera (tampoco en bares y restaurantes) y, además, se considera descortés.

PRECIOS

Precio medio de un plato principal.

₩ hasta 10 000 KRW

₩₩ entre 10 000 y 30 000 KRW

₩₩₩ más de 30 000 KRW

HORARIOS

Cafés 8.00-22.00

Restaurantes 11.00-15.00 y 18.00-21.00

Bares 17.00-2.00

Salir

Cafés y salones de té Hay cafés de todo tipo, tamaño y temática, que sirven bebidas de lo más creativas. Tampoco faltan cafés de especialidad y es recomendable probar tés e infusiones a de hierbas y frutas en una tetería instalada en una *hanok* tradicional.

Bares y puestos callejeros Las bebidas alcohólicas tradicionales *(sool)*, como el *makgeolli* (bebida lechosa de arroz; foto) y el *baekseju* (de arroz glutinoso fermentado) van triunfando en los locales especializados. En las calles de los barrios que atraen a fiesteros, como Euljiro 3-ga y Jongno 3-ga, se hallarán *pojangmacha* (bares callejeros) que sirven *soju* (vodka coreano), cerveza y comida.

Discotecas Hongdae es el barrio más marchoso, seguido de Itaewon y Gangnam. La mayoría de los clubes no se animan hasta la medianoche, y a partir de las 2.00 se llenan; las noches de viernes y sábados es cuando más ambiente hay. No suelen ser muy estrictos con la vestimenta, si bien hay que ir con el DNI.

CUÁNTO CUESTA

'Hotteok' (tortita dulce) 2000 KRW

Lata de cerveza nacional 3000 KRW

Un café 4000-6000 KRW

Cuenco de fideos 5000-7000 KRW

Plato de pollo frito 20 000 KRW

Menú del día en restaurante de lujo 250 000 KRW

Cóctel 20 000 KRW

IKA RAHMA H/SHUTTERSTOCK ©

Comunidad LGTBIQ+

La homosexualidad nunca ha estado penada en Corea, pero eso no debe verse como una muestra de tolerancia o aceptación generalizada.

Aparente igualdad

La sociedad coreana es conservadora y la sexualidad se considera un tema tabú. Los viajeros LGTBIQ+ que muestren su orientación sexual podrían recibir reacciones no muy positivas.

En Corea, la ley no protege a los ciudadanos frente a la discriminación por su orientación sexual o identidad de género, ni contempla el matrimonio (o unión civil) entre personas del mismo sexo. Los alumnos homosexuales sufren acoso en los centros y las parejas del mismo sexo no pueden adoptar. En el 2023, los intentos por impedir las fiestas del Orgullo (que finalmente se llevaron a cabo) provocaron consternación entre la comunidad LGTBIQ+ local.

Empieza a atisbarse, pese a todo, cierto cambio de actitud, sobre todo entre los jóvenes. En cualquier caso, los viajeros LGTBIQ+ no deben tener nada que temer a la hora de visitar Seúl: hay varias zonas con bares y puntos de encuentro *gay-friendly*, en su mayoría en Itaewon y en los aledaños de Jongno 3-ga, en Nakwon-dong.

IMPRESCINDIBLE

Barrio LGTBIQ+ imprescindible

Por más estridente que pueda resultar el nombre, Homo Hill (Itaewon) es donde los viajeros LGTBIQ+ se sentirán más cómodos saliendo de fiesta. Los bares y clubes suelen ser diminutos, y en las noches de calor las multitudes se desparraman por la calle.

NITO/SHUTTERSTOCK ©

CHINGUSAI

Chingusai ("entre amigos", literalmente) es una de las organizaciones que más tiempo lleva velando por los derechos de las personas LGTBIQ+ en el país. En su web se detalla la actitud imperante hacia la comunidad gay.

LESVOS

Yoon Kim Myung-woo (apodado Myeongwoo Hyeong) lleva desde 1996 gestionando **Lesvos,** un espacio seguro para la comunidad gay y lésbica de Seúl.

Una cita señalada

El evento de mayor visibilidad para la comunidad LGTBIQ+ es el **Festival de la Cultura Queer de Seúl** (sqcf.org), que se celebra a principios de julio e incluye un multitudinario desfile del Orgullo gay, además del Festival de Cine Queer de Seúl.

Salud y seguridad

Seúl es un destino seguro, con bajas tasas de criminalidad (es seguro pasear de día y de noche) y una atención médica de gran calidad.

AGUA DEL GRIFO

Aunque es potable, casi todo el mundo prefiere no consumirla, pues existe una falsa percepción de que entraña riesgos debido a las viejas tuberías que la suministran. En casi todos los restaurantes, edificios públicos y puntos de interés turístico se dispensa agua filtrada gratis.

Farmacias

Se necesita receta médica para comprar casi cualquier medicamento y, a veces, cuesta encontrar el mismo que se consigue en el país de origen, de ahí que convenga llevar suministro extra y una carta del médico donde se especifique la enfermedad que se padece y la medicación (con nombres genéricos) que se debe tomar.

Los farmacéuticos suelen tener cierto dominio del inglés. Si el idioma es una barrera, se puede llamar desde el móvil al 02-1330 para pedir que un intérprete explique al farmacéutico –en coreano– lo que uno precisa.

Atención al turista

Llamando al 1330 o al 02-1330 desde un móvil se accederá a un servicio de información e interpretación 24 h.

Seoul Global Center

Este centro de atención integral para extranjeros afincados en Seúl cuenta con un equipo de voluntarios que habla varios idiomas y ayuda en muchos temas.

TENSIÓN TERRITORIAL

Seúl se sitúa a menos de 60 km de la frontera con Corea del Norte. La situación en materia de seguridad es inestable: la tensión se puede avivar tras producirse lanzamientos experimentales de misiles desde el Norte o debido a las maniobras militares que realizan Corea del Sur y EE UU. En tales circunstancias suelen cancelarse las excursiones a la **DMZ** (p. 72).

A TENER EN CUENTA

Drogas
Su consumo/contrabando puede acarrear multas cuantiosas y penas de cárcel.

Vacunas
Aunque no se exige ninguna, se recomienda vacunarse contra la hepatitis A y B.

Precauciones
¡Atención al cruzar la calle!: la impaciencia es habitual al conducir.

Turismo responsable

Siguiendo estas indicaciones, se deja una huella menor, se apoya a los comercios locales y se causa un impacto positivo en la comunidad.

Reciclado de basura

Los desperdicios han de depositarse en sus respectivos contenedores: botellas de PET, otros tipos de plástico rígido, películas de material plástico (vinilo), envases metálicos y de poliestireno, vidrio, papel y cartón, y los residuos orgánicos tienen contenedores separados. Quien se hospede en un apartamento de alquiler recibirá indicaciones sobre cómo separar la basura y dónde depositarla.

Biblioteca de semillas

En el **jardín botánico de Seúl** (p. 83) hay una innovadora "biblioteca de semillas" donde la gente puede 'tomar prestadas' semillas que luego germinará en casa para, después, trasplantar en el jardín las especies resultantes.

DESDE IZDA.: SCHAB/SHUTTERSTOCK ©, 4KODIAK/GETTY IMAGES ©, ARTURNICHIPORENKO/SHUTTERSTOCK ©

IMPRESCINDIBLE

Senderismo para turistas

Los verdes montes y colinas de la ciudad pueden explorarse mediante una red de rutas marcadas. En el **centro de senderismo turístico de Seúl** (p. 51) alquilan botas y ropa adecuada.

Clases de cultura

Se puede aprender acerca de la cultura estudiando las comidas y bebidas preferidas de los coreanos. Entre las clases de cocina que pueden integrarse fácilmente al itinerario del viajero se incluyen una para elaborar *kimchi* (arriba) y otra de cocina vegana de templo (p. 50). Los programas de Templestay (p. 28) son también ideales para entender mejor el budismo.

Recursos

- **www.seoulsolution.kr/es** Para estar al tanto de la planificación urbana y las políticas de desarrollo sostenible del proyecto Seoul Solution.
- **www.wwfkorea.or.kr** Sede local del Fondo Mundial para la Naturaleza.

REGENERACIÓN URBANA

Seoullo 7017 (p. 67) es una antigua autopista elevada transformada en un paseo peatonal ajardinado. El **parque Seonyudo** (p. 85) era una planta de tratamiento de aguas residuales, y el **Parque Cultural de los Tanques de Petróleo** (p. 86) consta de tanques de crudo obsoletos.

Artículos de segunda mano

En Seúl hay muchas tiendas y mercados fantásticos para buscar moda y recuerdos de segunda mano. En el **mercadillo tradicional de Seúl** (p. 137) y el cercano rastro de Dongmyo se encuentran tesoros a precio de ganga.

Los puestos de la 2ª planta del **mercado de Gwangjang** (p. 65) se especializan en ropa *vintage* y de segunda mano. Para encontrar moda de más nivel, hay que explorar a las *boutiques* de los barrios comerciales de Hongdae y Seongsu.

RUTAS CICLISTAS

Seoul Bike (Ttareungi) es el servicio público de bicicletas compartidas (p. 25).

Escanea este código QR para conocer itinerarios en bici, uno de ellos paralelo al Han.

El cambio climático y los viajes

Es imposible ignorar el impacto de nuestros viajes y la importancia de hacer cambios. Lonely Planet anima a todos los viajeros a involucrarse en su huella de carbono. Muchas webs de líneas aéreas y sitios de reservas ofrecen la opción de compensar el impacto de los gases de efecto invernadero realizando donaciones para iniciativas respetuosas con el clima en todo el mundo.

Varias calculadoras en línea permiten saber las emisiones de carbono que genera un viaje; véase, p. ej., **resurgence.org** (accesible a través de este QR).

Accesibilidad

Centro de Turismo Accesible Danurim

Dirigido por la **Organización de Turismo de Seúl,** este centro aspira a que la ciudad sea accesible para todos, organiza el traslado desde el aeropuerto en vehículos con rampas para viajeros con problemas de movilidad, así como alquilar sillas de ruedas y de ducha para la estancia en Seúl. Su web dispone de muchísima información, incluidas propuestas de itinerario.

Transporte público

Casi todas las estaciones de metro tienen ascensores y aseos adaptados, rampas y carteles en braille con indicaciones. En los vagones se anuncian las estaciones en inglés y hay asientos de uso preferencial para quienes los precisen.

IMPRESCINDIBLE

El **Museo Nacional de Corea** (p. 98) no cobra entrada y es totalmente accesible. También hay puestos que ofrecen comentarios y teclados braille con información. Las personas con problemas de visión podrán ampliar el tamaño de la letra; dichos dispositivos se adaptan automáticamente a la altura de los usuarios en silla de ruedas. Asimismo, las personas con discapacidad auditiva podrán hacer preguntas en lengua de signos, que serán respondidas por un avatar en 3D.

ATRACCIONES TURÍSTICAS

Suelen ofrecer generosos descuentos o incluso entrada gratuita a los visitantes con discapacidades y a un asistente. Las pasarelas del Cheong-gye-cheon y Seoullo 7017 disponen de ascensores.

Alojamiento

Los hoteles de precio medio y alto concentran buena parte de las habitaciones adaptadas a personas con movilidad reducida. También hay webs dedicadas al alquiler de apartamentos accesibles con silla de ruedas.

BRAILLE

En muchos de los principales museos y reclamos turísticos hay descripciones en braille y maquetas de las exposiciones y edificios para las personas invidentes o con visión parcial.

Recursos

- **www.koreawheelchairtour.com** Agencia de viajes para personas con movilidad reducida.
- **https://english.visitseoul.net/** Información en inglés sobre accesibilidad en toda la ciudad.

Lo esencial

Horario comercial

Véanse 영업 중 (*yeong-eop jung;* abierto) y 휴무 (*hyu-mu;* cerrado).

Bancos 9.00-16.00 lu-vi, cajeros automáticos 7.00-23.00

Bares 18.00-1.00, más tarde vi y sa

Cafés 8.00-22.00

Galerías y museos 10.00-18.00 ma-do

Oficinas de correos 9.00-18.00 lu-vi

Restaurantes 11.00-21.00, muchos cierran de 15.00 a 18.00

Tiendas 10.00-20.00

A TENER EN CUENTA

Hora local GMT/UTC + 9

Prefijo local 02

Atención telefónica a turistas 1330

Población 9,65 millones de hab.

ELECTRICIDAD

220V-230V/50Hz

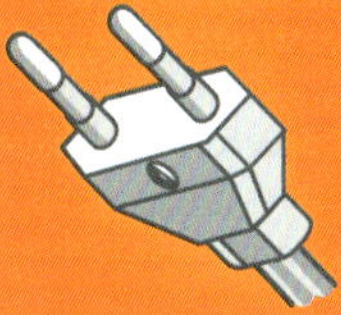

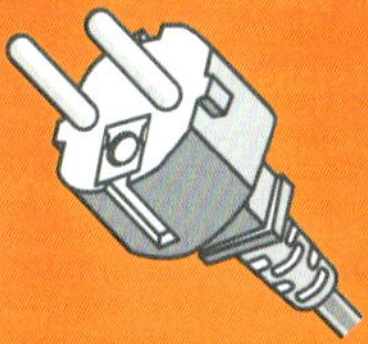

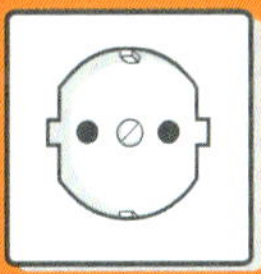

Fiestas oficiales

Seollal (Año Nuevo lunar), cumpleaños de Buda y Chuseok (Día de Acción de Gracias) se rigen por el calendario lunar, y cada año caen en fechas distintas.

Año Nuevo 1 de enero

Seollal 16-18 de febrero 2026, 6-9 de febrero 2027

Día del Movimiento por la Independencia de Corea 1 de marzo

Día del Niño 5 de mayo

Cumpleaños de Buda 8 de mayo 2025 y 2026

Día de los Caídos por la Patria 6 de junio

Día de la Constitución 17 de julio

Día de la Liberación 15 de agosto

Chuseok 5-7 de octubre 2025, 24-27 de septiembre 2026

Día de la Fundación de Corea 3 de octubre

Navidad 25 de diciembre

Fumar

Seúl se rige por leyes muy estrictas en cuanto al consumo de tabaco: está prohibido fumar en bares, restaurantes, hoteles y edificios públicos, así como encenderse un cigarrillo al caminar por la calle o en las estaciones de metro y autobús. Los fumadores suelen recurrir a las bocacalles o callejuelas.

Idioma

Lo básico

Hola.
an·nyŏng ha·se·yo.

Adiós. (Al marcharse)
an·nyŏng·hi kye·se·yo.

Adiós. (Si es uno quien se queda)
an·nyŏng·hi ka·se·yo.

Sí/No.
né/a·ni·yo.

Quisiera... por favor.
...ju·se·yo.

Gracias.
ko·map·sŭm·ni·da.

De nada.
ch'ŏn·ma·ne·yo.

Disculpa.
shil·lé ham·ni·da.

Perdona.
choé·song ham·ni·da.

Frases útiles

¿Cómo estás?	an·nyŏng ha·se·yo?
Bien, gracias. ¿Y tú?	ne an·nyŏng ha·se·yo?
¿Cómo te llamas?	sŏng·ha·mŭl yŏ·tchŏ·b-wa·do doélk·ka·yo?
Me llamo...	che i·rŭ·mŭn ...im·ni·da.
Soy de... (país).	...e·sŏ wass·ŏ·yo.
Tengo... (años).	chŏ·nŭn ... sa·ri·e·yo.
¿Hablas inglés?	yŏng·ŏ ha·shil·jul a·shi·na·yo?
No comprendo.	mo·da·ra·dŭ·rŏss·ŏ·yo.
¿Puedo ver la carta?	me·nyu bol·su in·na·yo?
¡Estaba buenísimo!	ma·shiss·ŏss·ŏ·yo!
¿Cuánto cuesta?	ŏl·ma·ye·yo?
Me he perdido.	ki·rŭl i·rŏss·ŏ·yo.
¿Dónde está (la estación)?	(yŏ·gi) ŏ·di in·na·yo?
¿Dónde se compran los billetes?	p'yo ŏ·di·e·sŏ sa·na·yo?

Números

1	2	3	4	5
ha·na	tul	set	net	ta·sŏt

Información práctica

Una frase que siempre conviene memorizar es **"sŏ·yang·shik pang in·na·yo?"** (¿tienen alguna habitación de estilo occidental?), pues los alojamientos más pequeños solo tienen habitaciones de estilo coreano, con futones. Si se quiere una cama 'convencional', hay que consultar antes.

Al comer fuera, una frase útil es **"p'o·k'ŭ/na·i·p'ŭ ka·jŏ·da ju·se·yo"** (por favor, tráigame un tenedor/cuchillo). En los restaurantes coreanos, la cuchara se utiliza para el arroz y las sopas, y los palillos para todo lo demás. Otra frase importante es **"tŏl maep·ké hae·ju·shi·gess·ŏ·yo?"** (¿puede hacerlo menos picante, por favor?), ya que la comida coreana se caracteriza por su fogosidad.

'KONGLISH'

La lengua coreana tiene muchos préstamos del inglés, y los términos denominados "konglish" suelen ser versiones abreviadas de palabras inglesas (p. ej., **"a·p'a·t'ŭ":** apartamento) o combinaciones de palabras coreanas e inglesas (p. ej., **"haen·dŭ·p'on":** teléfono móvil, literalmente teléfono de mano).

Comida/bebida

desayuno **a·ch'im**
almuerzo **chŏm·shim**
cena **chŏ·nyŏk**
tentempié **kan·shik**
Quisiera... **...ju·se·yo**
¡Me muero de hambre! **pae·go·p'a·yo!**
agua mineral **saeng·su**
café **k'ŏ·p'i**
té **ch'a**
cerveza **maek·chu**
cóctel **k'ak·t'e·il**
vino **wa·in**
¡salud! **kŏn·bae!**

Prestar atención

To·wa dŭ·rilk·ka·yo?
¿Puedo ayudarle?
Mwŏ dŭ·rilk·ka·yo?
¿Qué desea?

JERGA LOCAL

¡Oye!	**yŏ·gi·yo!**
¡Genial!	**cho·a·yo!**
¡Claro!	**mul·lo·ni·jo!**
Quizá.	**a·ma·do·yo.**
¡De ninguna manera!	**an·dwae·yo!**
No hay problema.	**mun·jé ŏp·sŏ·yo.**

6	7	8	9	10
yŏ·sŏt	**il·gop**	**yŏ·dŏl**	**a·hop**	**yŏl**

Índice

Puntos de interés p. 000
Págs. de los planos **p. 000**

Véase también los subíndices:
Comer p. 158
Beber p. 159
Comprar p. 159

Comer

Beber

Comprar

La opinión del lector

Nos encanta escuchar a los viajeros, ya que con sus comentarios nos ayudan a mejorar nuestros libros. Podéis escribirnos a lonelyplanet.com/contact; leemos todos los mensajes y garantizamos que estos lleguen a los autores.

Nota: Es posible que algunos fragmentos de estos mensajes aparezcan en nuevas ediciones de las guías Lonely Planet, en la web o en productos digitales. Si preferís que vuestro contenido o nombre no sean publicados, por favor, indicadlo claramente. Para obtener una copia de nuestra política de privacidad, podéis visitar lonelyplanet.com/legal.

geoPlaneta
Av. Diagonal 662-664, 08034 Barcelona
www.geoplaneta.com – www.lonelyplanet.es

Lonely Planet Global Limited
Lonely Planet Global Limited, Digital Depot,
The Digital Hub, Dublín D08 TCV4, Irlanda
www.lonelyplanet.com
Contacta con Lonely Planet en: lonelyplanet.com/contact

Seúl de cerca
2ª edición en español – abril del 2025
Traducción de *Pocket Seoul*, 3ª edición – septiembre del 2024
© Lonely Planet Global Limited
1ª edición en español – diciembre del 2021

Editorial Planeta, S.A.
Av. Diagonal 662-664, 7º. 08034 Barcelona (España)
Con la autorización para la edición en español de Lonely Planet Global Limited, Digital Depot,
The Digital Hub, Dublín, D08 TCV4, Irlanda

ISBN: 978-84-08-29709-3
Depósito legal: B. 17.282-2024
Impresión y encuadernación: Unigraf
Printed in Spain – Impreso en España